Gがデザインの土台作りだとしたら、Lは似合わせの調整に効果を発揮します。実際のところ、日本人の髪質・骨格には、Gだけで似合わせることはとても難しいのです。GベースのスタイルであってもどこかにLを組み合わせて、厚みや量感を減らし、コンパクトなフォルムにしていく場合がほとんどですし、逆にLベースでもどこかにGを入れて、メリハリを出したり、髪を動きやすくしたりします。GとLを常に組み合わせてこそ、日本人の頭に立体的なフォルムを提案していけるのだと思います。

Lによる「似合わせ」とはズバリ、フェイスラインと厚みのコントロール。フェイスラインの作り方次第で、顔の見え方がぜんぜん違ってきますよね？ 顔周りから作り始めることが多いLの場合、最初のLのアングル次第で、顔や首筋の見える範囲が違ってきます。Lを使ってフェイスラインをどんな形で、どのくらいの面積で見せていけばいいのか？ その設定が「似合わせ」そのものなのです。またテクニック編で何度もお話ししたように「レングスに対する厚みのバランス」は「顔と頭をどのくらいの大きさに見せるか」に大きくかかわっています。レングスに対するジャストな厚みに設定してあげることで、どんなレングスであろうと、小顔、コンパクトな頭に近づけていけます。

Gがベースのクオリティを上げる「裏方」だとすれば、Lはお客様をダイレクトにHAPPYにする役割。正面から見えるフォルムやフェイスラインは、お客様にも一番分かりやすいでしょう？ カットしている最中に、鏡の中の顔がどんどん笑顔になっていくのが「L」の力です。Lを使ってどのように似合わせているのか。そこに注目して、ここからのデザインを見てください。

The standard of L
Lのスタンダード

Lの場合、とても重要なのがレングスと厚みの関係。ここではレングスに対して、スタンダードな厚みを設定しています。
またインターナルはほとんどシンメトリーなL構成。そのため、ディテールはアシンメトリーであっても、
比較的オーソドックスなフォルムになっていると思います。

The Motion and Form of L
Lの動きとフォルム

このシリーズは、トップが立つくらい短いLを入れて、新しいバランスを追求してみました。
レングスに対するトップをタブーすれすれの短さで入れて、
大きく動くようにしています。ポイントは、トップの短さとレングスに対して、どんな厚みをつくっていくか。
あえてセオリーをはずしたところで生み出されるフォルムと動きもあるのです。

Design _018

converts into a technique from a design.
デザインとテクニックを結ぶ発想

素材からの発想
beforeの段階ではアゴくらいのレングスでGベース。目が印象的だったので、重めのバングにして目元に力を出そうと考えた。バングを目の上ギリギリでカットすると、それに対するウエイトはどうすべきか？ 前上がりよりは前下がりのほうが似合いそうだし、バング以外は厚みが薄いほうがフィットするはず。ただし全体に強くうねるような毛流があるので、それを考慮してテクを構成しなければならない。骨格的には問題なし。

デザイン発想
サイドは前下がりで、フォルムそのものがスクエア。全体をスレンダーな印象にし、そのどこかに重みを入れること、顔〜首筋の肌をどうみせるか、が今回のポイント。一見、ボブっぽい印象だが、レイヤードの構成で、厚みはゼロといった感じにしたい。

毛流が強い髪質だが、薄さをとても強調したい。テクニックの課題はそこになる。

この面積が少し変わるだけで、似合わせにとても影響する。毛先が動いたときの、顔の透け加減にこだわる。

後ろに行けば行くほど、くびれるようなフォルムにしたい。

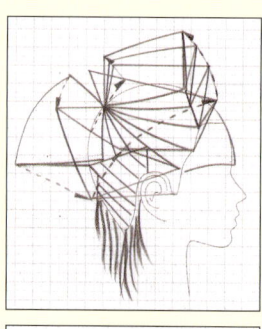

テクニック発想
スレンダーなフォルムを作りたいから、顔周り〜アゴ近辺はL構成にする。厚みを減らしたいからオーバーセクションもL。Gっぽいフォルムを作るときも、オーバーはLにすることが大切。ベースはスクエアレイヤーで構成していく。手順はテクニック編の「スクエアレイヤー」とほぼ同じ。フロントのアウトラインを決めて、インターナルのLを決定。センターに戻り、放射状に顔周りを繋いでいく。

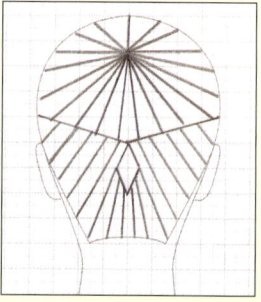
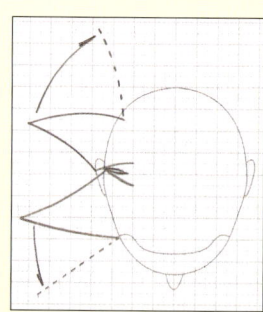
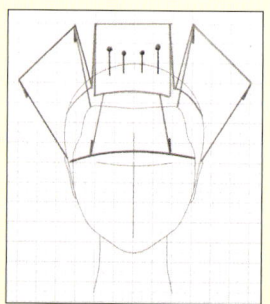

インターナルとセクションの設計図。イア・トゥ・イアより後ろの生えグセはかなり強い。ネープ、クラウンのあたりはうねりがあり、きれいな形をつくるのが難しい。そのためネープの長さはキープして、その上をくり抜いてくびれをつくる。

サイドは立体裁断でバツンと取って、その上の毛が動くようにする。髪質が細いのでゾーンセニングではどんなにピッチを空けても毛がなじんでしまうため。彼女の髪質を活かした動きにする。

トップにコンケーブ状のインナーセニングを入れることで、ぐっと厚みが取れる。ハチ上は全体的にセニングレイヤーで量感を取る。ネープはルーツセニングで毛流のぶつかり合うところを抜くと、毛束感が生まれる。

この本はデザイン編とテクニック編に分かれて展開していますが、実際に頭に浮かんだデザインをテクニックに落とし込んでいく過程では、何を考え、どのような組み立て方をしていくものなのでしょうか？ ここではP7とP13のスタイルを例に、デザイン発想からテクニックの組み立てまでを追ってみました。

素材からの発想

beforeの状態はミディアムに近い長さで、バングも長かった。見た瞬間に「マッシュルームにしよう」。マッシュ本来の形は、アゴが細すぎても丸すぎてもダメで、一般的な日本人の輪郭にはなかなか似合わせづらいスタイル（だから似合わせやすい「マッシュウルフ」のほうが流行った）。しかし彼女は骨格的に似合うと判断。もともと様々なスタイルにチャレンジしている子で、本人の希望は「みんながやっているような軽いのはイヤ」。そこで丸いマッシュベースにひとひねりを加えたデザインを提案したい。

形はマッシュ系でも、レイヤースタイルと同様に、レングスに対する厚みの設定が一番大切。普通は相当コンパクトにしないと似合わないが、彼女はやや厚みを感じさせる外人っぽいフォルムでも似合うと判断した。そこで普通のマッシュベースにトップだけはたっぷりとレイヤーを入れた、縦長っぽいフォルムにする。トップはかなり短くても大丈夫。

デザイン発想

重さも丸さも感じるマッシュルームスタイルにすることは決まったので、あとはどこに彼女なりの個性を加えるか、だ。ストリート的なファッションをしていることもあり、バングにアシンメトリーな段差をつけることにした。「ちょっと間違えちゃったような感じ」にするとかえってかわいらしさが強調されるはず。

あまり厚みを取りすぎると、男っぽくなってしまう可能性がある。女の子っぽさを出すためにも、ある程度の厚みがあったほうがいい。

テクニック発想

バックは2セクション（一部、結果的に3セクションになる）でカットしていく。アウトラインを決めた後、バックからGのフォルムをつくっていく。トップはL構成でバックのGにうまく乗るように計算することが重要。オーバーセクションのLのアングルがキーポイントで、切り込みが甘いと失敗する。

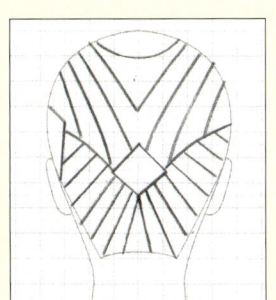 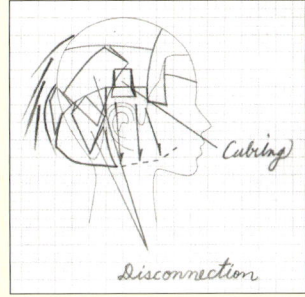 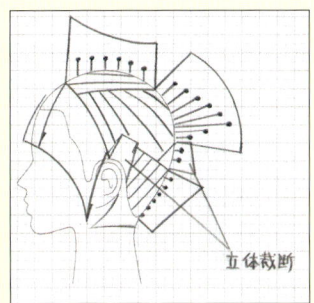 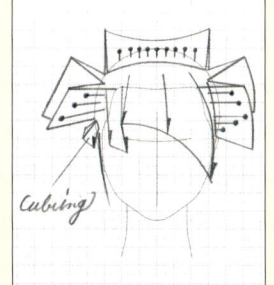

セクションとディスコネクションの設計図。
毛量が非常に多くて、ハイダメージ毛。膨らむクセもある。まとまりを良くするためにも、傷んでいる部分は落としたほうがいい。バングは最初に通常のマッシュラインをつくった後で、再度アシンメトリーに設定する。バングのみにLを入れ直して、厚みを取る。

インターナルとセニングの設計図。
耳上と耳後ろの毛流が一番強くてぶつかり合っていたので、片方を取り去って、もう片方をその上に乗せるようにする。ぼんのくぼのふくらみ過ぎる部分も落とす。

The Combination of G and L
ＧとＬのコンビネーション

最後はGとLがミックスされたデザインです。
実際にお客様にスタイルを提供するときは、
一人ひとりの骨格・髪質に合わせ、
GとLを細かく組み合わせていき、
様々な女性像やテイストをつくりあげていきます。
ですからテクニック的に最も
サロンワークに近いのがこのシリーズ。
もし、これがGだけだったら…？
Lだけで構成されていたらフォルムはどうなる？
そんなことも考えながら観てみましょう！

:: Another Angle

Try The Workshop For Design
デザインのためのワークショップ

ヘアデザインのヒントは日常のあらゆる場所に隠れています。時にはサロンを離れて、まったく別な観点からスタイルを考えてみることも、デザイン力を鍛えるトレーニングとなるはずです。『フォルムレッスンG』に引き続き、今回もある場所に赴き、そこで見たり触れたりしたものからデザインをつくり出してみることにしました。実際『DADA』では様々なテーマのワークショップが、トレーニングメニューの一部として恒常的に行われています。

>>> 大阪・海遊館 >>>

おおさか・かいゆうかん　大阪港の「天保山ハーバービレッジ」敷地内にある、世界最大級の水族館。最新テクノロジーを有し、世界10地域の海洋生態系を14の水槽で再現。580種、39,000点の生物、3,500もの植物を飼育展示している。中でも世界最大の魚である「ジンベエザメ」が遊泳する太平洋水槽は圧巻。「ナイトツアー」や「おとまりスクール」など体験・学習型プログラムも充実し、常に大勢の家族連れで賑わう。

今回、植村さんと一緒に大阪にある、世界最大級の水族館『海遊館』を訪れて、ワークショップを行うことになったのは、『Fiber Zoom』の井上和英さん。同世代の二人は、月刊『しんびよう』99年1月号（弊社刊）の対談で初顔合わせをして以来、良き美容師仲間として親交を暖めてきたそう。01年には合同のセミナーも開催しました。お互いに多忙を極める二人なので、実際に会うのはかなり久しぶり。しかし今回のことを楽しみに待っていたと言う二人は、最初から会話も弾みます。

訪れた1月12日（月）は祝日。朝10時に会場に到着すると、海遊館のある「天保山ハーバービレッジ」にはすでに大勢の人たちが集まっていました。海遊館の正面入り口前にはペンギンコーナーが設けられ数羽のペンギンたちが愛らしいしぐさで人気を集めています。水族館気分が高まったところで館内に入ると、まずは魚たちの泳ぐ透明なトンネル「アクアゲート」を潜り抜け、エレベーターで一気に最上階の8階へ。「日本の森」というフロアからスタートします。この海遊館では森林に降り注いだ雨が川の流れをつくり、やがて大海にたどり着くことをイメージした順路で、生態系を観察できるようになっているそうです。

>>>> 2004.1.12
in OSAKA AQUARIUM KAIYUKAN
海遊館（大阪）

海遊館は中心に巨大な「太平洋水槽」があり、その周りを囲むように、エクアドル熱帯雨林やパナマ湾、グレートバリアリーフ、瀬戸内海など様々な海洋地域の水槽が配置されている。らせん状のスロープで水槽の周りを回りながら降りていくことで、水面近くから深海までの生態系を見ることができる。スピード感溢れるイルカのジャンプ、悠然と泳ぐマンタ、タコ壺に入るタコなど、様々な海洋生物が間近に現れる。「チリの岩礁地帯」の水槽で、キラキラ輝くイワシの魚群に見とれる二人。

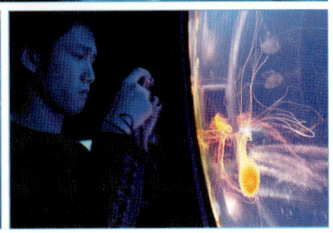

それぞれのペースで館内を巡っていく二人。気になるものは各自のデジカメで撮影していく。井上さんがカメラを向けているのは、なぜか水槽の中だけではない。水槽をつくっているアクリル板のキューブ型模型や、天井のライト、壁のイラストなど、館内の建物そのものも気になる様子。

井上さんとは時に歩みが一緒になりながらも、基本的に別行動でデジカメの撮影しながら周る植村さん。気がつくと一つの水槽の前にかなり長い時間たたずんでいることも。しかし一番長い時間とどまっていたのは、クラゲ館。様々な種類のクラゲが、照明を落とした暗い館内の中で、漂う姿はとても幻想的。

4時間に渡って海遊館を探索した二人。昼食を取った天保山マーケットプレイス内のデッキで、海風に吹かれながらちょっと一服。
この後、心斎橋の『Fiber Zoom Factory』をお借りして、ウイッグをカットする予定。

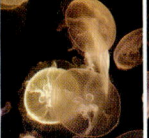

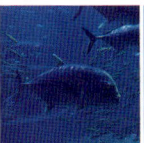

:: Uemura's Focus

植村さんの写真
やはり一番心に残ったのはクラゲ？ クラゲの様々な動きを、連続コマのようにたくさん撮影していた植村さん。他にもジンベイザメやマンタなど、一つの生物に焦点を絞って、いろんな角度から微妙なフォルムを狙っているのがわかる。

:: Inoue's Focus

井上さんの写真
井上さんの撮った写真には、水槽のカーブ具合など、展示生物とは関係ないものがたくさんある。水槽内を映すにしても水面と外気中の境目や、魚群など、視点が独特。この段階ですでに、二人の観点の違いが出てきている。

＞＞＞＞2004.1.13
in Fiber Zoom Factory
Fiber Zoom（大阪）

01＞デジカメで撮った写真をもとに
デザイン画をおこす二人

翌13日の『Fiber Zoom Factory』内。午前中は前日から引き続き、テクニック編（P74～77）のウィッグを切っていた二人。デザイン編に取り掛かりだしたのは午後1時を過ぎてから。二人ともテーブルの上に自分たちが撮影したデジカメ写真のプリントを広げて「これ、いいよねー。よく撮れてるね」「これなに!?　おもしろいね！」などとひとしきりお互いの写真で盛り上がってから、デザイン画を描き始める。

02＞二人はデザイン画の
描き方も対照的

いったんデザイン画を描き出すと、二人はいきなり無言に。時間もあっという間に過ぎ去っていく。しかし一枚一枚を丁寧に描きこんでいく植村さんと、ものすごいスピードで何枚も描きまくる井上さんという、違いがここにも現れるのがおもしろい。ちなみに井上さんは途中で50枚つづりのスケッチブックを使い果たし、別の用紙を追加する。

03＞井上さんが一足早く
ウィッグを切り始める

猛スピードでデザイン画を描いていた井上さんが、昨日に引き続き、一足先にカットをスタートさせた。

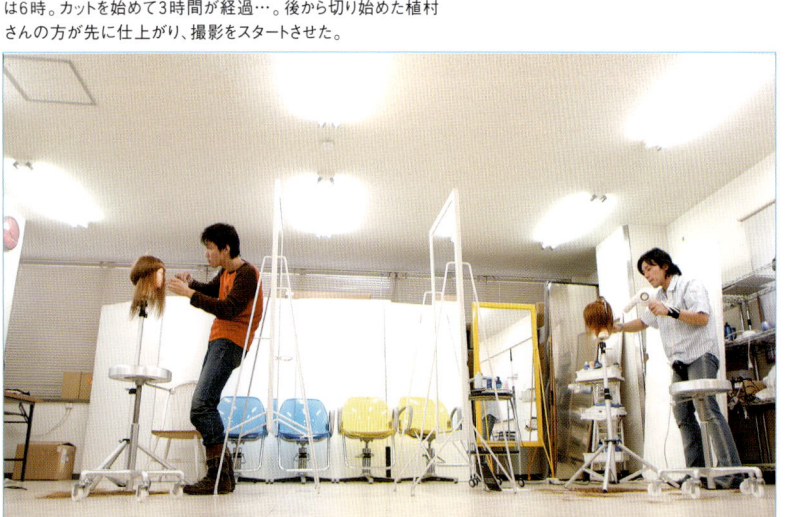

04＞クラゲの写真と共に
植村さんもスタート

午後3時近く。井上さんより20分ほど遅れて、植村さんもウイッグに向かった。鏡面に貼り付けたクラゲの写真が、今回のデザインソースか？

05＞室内に響くのは
BGMとハサミの音だけ・・・

カットが始まると二人は終始無言で、黙々と切り続ける。時折タバコを吸うとき以外は手を休める気配もない。基本的に人の出入りがない『Fiber Zoom Factory』は集中して仕事をするには最適のスペース。しかし、二人とも、誰もが話しかけることをためらうようなものすごい集中度だ。そしてあっという間に時計は6時。カットを始めて3時間が経過…。後から切り始めた植村さんの方が先に仕上がり、撮影をスタートさせた。

06＞撮影終了！「楽しかったね!!」

撮影後は、うってかわってなごやかな雰囲気。井上さんが冷蔵庫からビールを取り出すと、舌もますますなめらかに。「日ごろ、こんな風に3時間も一つのデザインに没頭できることってなかなかないよね」と井上さんが言えば、「ホントに今回の大阪行きを楽しみにしてた。やっぱり僕らは日常から頭を切り替えて、デザインを追求する時間も必要」と植村さん。「こういうことを、またいつかやりたいね」と話し合いながら今回の撮影は終了した。

Inoue's Works
井上さんの作品

井上さんは10年ほど前に、生き物の形をデザインの一部に取り入れることに凝った時期があるそう。「生き物の形って、造形の永遠のテーマなんじゃないかな。生き物が生き残っていくために必要だったボディラインには、やっぱりかなわないって思います。そのフォルムバランス、特に曲線の在り方にはおいそれと到達できないですよね。今回のスタイルは、ある特定の生き物ではなく、海遊館全体から受けた印象がベースですね。これは左サイドから発想していて、バックとバランスを取るために、フロントのフリンジを配しています。次に右サイドと、正面とモヒカンのバランスを同時に考え、バックはわりとシンプルにまとめました。モヒカン部分とバックは、見てのとおり魚の形がイメージです（笑）。実はP76のAの延長上のデザインなんですよ。全体的に曲線を意識してカットしていきましたが、思ったより難しかったですね、コレ(笑)。反省点がいっぱいです。でも3時間もいろいろ考えた、この過程こそが大事なんだと思います。またぜひ行ってみたいですね！」

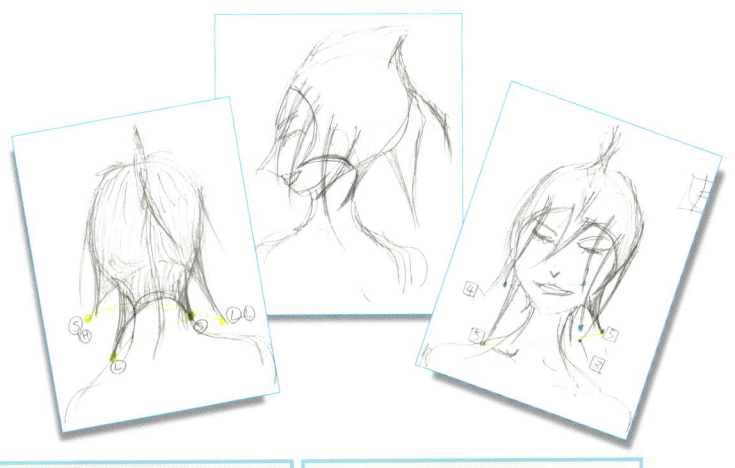

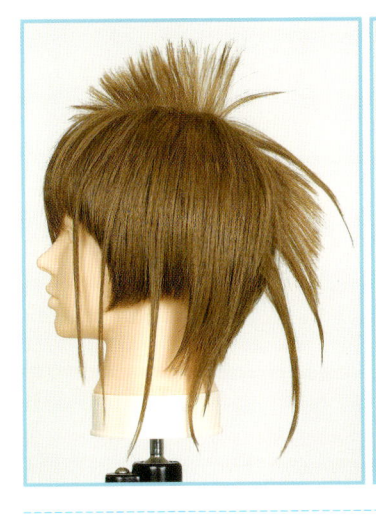

Uemura's Works
植村さんの作品

スキューバダイビングが趣味の植村さんだが、水族館を訪れたのは実に約15年ぶり。「今回もっとも強烈な印象を受けたのは、クラゲ（マンタは何度か海の中で見たことがあるので…）。間近で生きて動いているクラゲを観たのは初めてなんです。あれって従来の造形物の黄金比率を覆すような生き物じゃありませんか？(笑)　ものすごく不規則な動きなのに、止まった瞬間はふいにソリッドな形を見せる。これまで自分が造形美を感じていたものって、静止している形だったんだと気づかされた気がします。動く造形美というものが、また別にある、と。なので、僕の今回のデザインはクラゲです(笑)。でもヘアスタイルに「まんま」落とし込もうとすると、かなりマヌケなものになりやすいですよね(笑)。今回はアウトラインの曲線をどう出すかで、すごく悩みました。裏ではかなり実験的な試みも行ってるんですよ。このフォルムと動きのつけ方には、自分が今もっているテクニックのすべてを投入したと言っても過言じゃないです。ホントです(笑)」

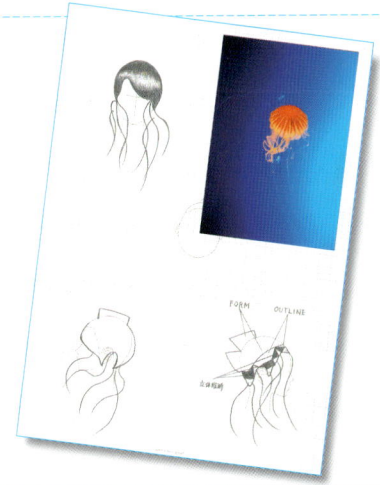

041_ Design

Design >>>

>>>

でお客様をHAPPYにするため。トレーニングをしていく意味はそこにあります。

かつてカットをパターンで覚えていた頃の僕は、正直言ってヘアをデザインすることがあまり楽しいと思えませんでした。退屈だと感じることすらあった。きれいに切るとか、一ミリの狂いもなく切ることには自信があったのですが「技術はいいけど、センスがない美容師」。それが僕の評価だったんです。でも、ある時からカットの原理そのものを追求しだし、パターンではなく原理でテクニックを捉えることができるようになってくると、「デザインがどんどん発想できるようになっていったんですよ！「オレって、もしかしてセンス悪くないのかも？」なんて思えるようになって（笑）。気づかされることがたくさんあり、視野が広がっていくのを実感しましたね。そうなると仲間とデザインについて語り合うのがすごく楽しくなって、デザインもテクニックも、もっともっと追求していきたいと思うようになって。そのとき思ったのは「お客様を本当に喜ばせるテクニックなんて、そんなに簡単に身に付くものじゃないんじゃないか？」ってこと。トレーニングに関しても「一生美容師を続けていく気なら、その中の2～3年くらい必死になったっていいじゃないか？」と、ポジティヴな姿勢に切り替わっていきました。あのときの気持ちが、この本のベースに流れています。

目指すのはたくさんのお客様に支持される美容師。それも長い間、安定して支持してもらえる美容師。僕はそんな美容師になりたいと思うし、『DADA』のスタッフもみな、そうなって欲しい。そして読んでくださった読者すべてにとっても、この本が「支持される美容師」になるためのツールになればいいな、と思っています。

STAFF
hair&technique／Takahiro Uemura
make-up／Yuko Saito
color／Hiroshi Nishigai
   Emi Yoshimura
   Yuko Saito
   Yoshiaki Eitani
diagram／Rie Hirabayashi
assistant／Rie Hirabayashi
   Ra Efa
   Yuji Nishido
   Yuka Kataoka
   Atsuko Ota

and DADA all staff

styling／Noriaki Otsuka（D014～D023）

art direction／COMBOIN

photograph／SHINBIYO staffs
project edition／Monthly SHINBIYO editorial staffs

Special Thanks
Kazuhide Inoue and Fiber Zoom staffs

㈱レジーナ

撮影協力（D038～D041）
大阪・海遊館　TEL 06-6576-5533

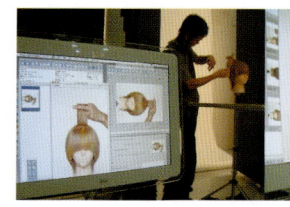

Technique Section
テクニック編

INTRODUCTION

1. Lの役割は動きとフォルムを同時につくり出すこと ... T 002
2. 動きをつくるLの構造とは？ ... T 006
3. オーバーダイレクションとリフティングを復習しよう ... T 009
4. ここからのテクニックページはこう使って欲しい！ ... T 011

TECHNIQUE I／LONG LAYER

tech1. ロングレイヤーの基本形 ... T 012
tech2. 同じ手順で違うスタイルを切ってみよう1 ... T 020
tech3. 同じ手順で違うスタイルを切ってみよう2 ... T 022
tech4. 同じ手順で違うスタイルを切ってみよう3 ... T 024
check1. ここをチェックしてみよう ... T 026

TECHNIQUE II／SHORT LAYER

tech5. ショートレイヤーの基本形 ... T 028
tech6. 同じ手順で違うスタイルを切ってみよう1 ... T 036
tech7. 同じ手順で違うスタイルを切ってみよう2 ... T 038
tech8. 同じ手順で違うスタイルを切ってみよう3 ... T 040
check2. ここをチェックしてみよう ... T 042

TECHNIQUE III／SQUARE LAYER

tech9. スクエアレイヤーの基本形 ... T 044
tech10. 同じ手順で違うスタイルを切ってみよう1 ... T 052
tech11. 同じ手順で違うスタイルを切ってみよう2 ... T 054
tech12. 同じ手順で違うスタイルを切ってみよう3 ... T 056
check3. ここをチェックしてみよう ... T 058

ファーストパネルの重要性 ... T 060
斜めスライスの重要性 ... T 062

TECHNIQUE IV／パーツごとにみるLの変化

tech13. パーツごとのLがどんな違いを出すのか実験しよう ... T 063
tech14. トップのリフティングによる変化 ... T 064
tech15. バックのLのアングルによる変化 ... T 066
tech16. フロントのLの幅による変化 ... T 068
tech17. フロントのLのアングルによる変化 ... T 070
tech18. バイアススライスのリフティングによる変化 ... T 072

TRY THE WORKSHOP FOR TECHNIQUE ... T 074

FORM LESSON　L　contents

Design Section

INTRODUCTION ... D 002
Lのスタンダード ... D 004
Lの動きとフォルム ... D 014
デザインとテクニックを結ぶ発想 ... D 024
GとLのコンビネーション ... D 026
ANOTHER ANGLE ... D 036
TRY THE WORKSHOP FOR DESIGN ... D 038
DESIGNER'S MESSAGE ... D 042

この3つのスタイルの違いってなんだろう？

今回もまずは、ここに並んだ3つのスタイルを見比べてみることからスタートしましょう。一見すると、マッシュルームっぽい？ じゃあ、もしかしてG構成？　いいえ、これらはすべてL構成でつくられたボブです。ボブは面構成だからG、動きのある軽いスタイルならL、なんて思い込みはありませんか？

Lか、Gか？　その見分け方のポイントは、バックならウエイトの有無ですが、正面から見るときは、レングスに対する「厚み」です。この3点はすべて異なるLのインターナルを持っています。それがどんな厚みの違いになって出ているか？　次のページで展開図を見る前に、まずはそこに注目して、よく観察してみましょう！

C 　　B 　　A

HINT!

フェイスラインの空間が
一番空いているのはどれ？

バングに一番厚みがあるのはどれ？

サイドの耳上に、
一番厚みがあるのはどれ？

ネープの出方に注目！

| Introduction |01*|

Lの役割は動きとフォルムを同時につくりだすこと

(レイヤー)

これはL＝レイヤーのカットを徹底的にトレーニングしていく本です

この本をこちら（右）側から開くと、Lのカット・トレーニングブックになります。

ここでは、パネルの切り口がレイヤーの形状であることを「L」と呼んでいます。なぜ「L」と呼び換えるのかというと、前作「フォルムレッスンG」でも述べたように、僕たち美容師にとって、レイヤーやグラデーションという言葉は、テクニックだけでなくスタイルも連想させる可能性があるからです。

さてあなたは、右の3点をみたときに「これはレイヤースタイル」と思ったでしょうか？　逆に、レイヤースタイルを想像するとき、右のようなスタイルも思い浮かべますか？　もしまったく思わなかったのであれば、レイヤーやグラデーションという言葉に固定観念ができてしまっているのかもしれません。そんな発想の「コリ」をほぐすために、ここではあえてレイヤーのテクニックをL、グラデーションのテクニックをGと呼んで、スタイルとは区別しています。L構成で一見グラデーションに見えるスタイルもつくれるし、Gだけど軽さのあるコンパクトなスタイルもつくっていける、僕たちが習得しなければいけないのは、そういうテクニックではありませんか？

現在はレイヤーベースの時代。だからフォルムそのものもL構成でつくっていくことが多いですよね。レイヤースタイルはつい動きや質感に重点をおいて、フォルムが曖昧になりがちです。しかしフォルムが存在しないわけではありません。この本でトレーニングしていくのは、動きと同時にフォルムをしっかりつくっていくLのテクニックです。Gでは髪の積み重ねでフォルムをつくっていきましたが、Lでは髪を削ることと残すことでフォルムをつくります。そしてLは、より「似合わせ」に必要なテクニックなのです。ウエイトづくりに大きな意味があったGに対して、Lは顔周りの厚みや空間の空け方に大きく影響を及ぼすからです。さあ、Gに引き続きLをマスターすることで、一人ひとりの骨格や顔立ちに似合った、メリハリのあるフォルムを提案していきましょう！

Introduction | 01*

∷ Aの構造 ∷

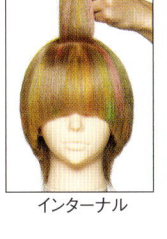

立体裁断

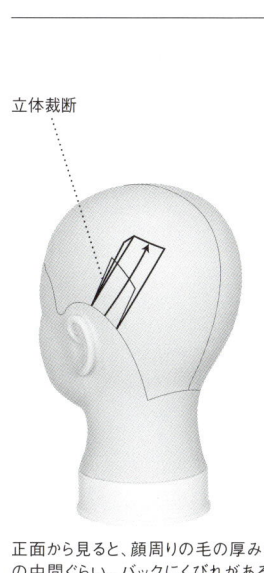

正面から見ると、顔周りの毛の厚みはBとCの中間ぐらい。バックにくびれがあるのでGが加わっていると想像できるが、1セクションではもっと重いフォルムのはず。ネープの薄さからも、2セクションと予測。インターナル（内部構造）をみるとトップは完全なLだが、ハチの付近はセイムレイヤー状でコンパクト。しかしそのままではアウトラインが重くなりすぎるので、ハチ下で2セクションに分け、Gから再びLに移行させている。

インターナル
インターナル

∷ Bの構造 ∷

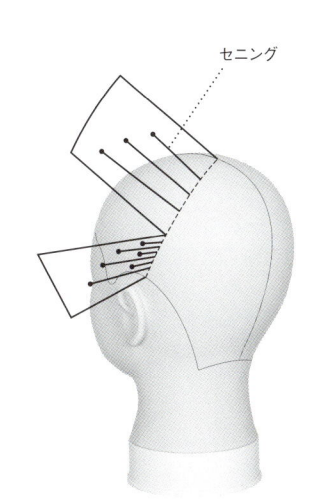

セニング

正面から見たときの、耳後ろの見え方に注目。3点の中では毛の厚みが一番ある。サイドから見ると、ウエイトポイントを若干感じるので、Gが入っていると考えられるが、ネープが非常に重いので、1セクションだと予測される。インターナルを見るとトップはAよりやや長めだが、全体はセイムレイヤーに近いタイトなL構成。ぼんのくぼあたりでGに切り替わり、そこから下は再びLになっている。

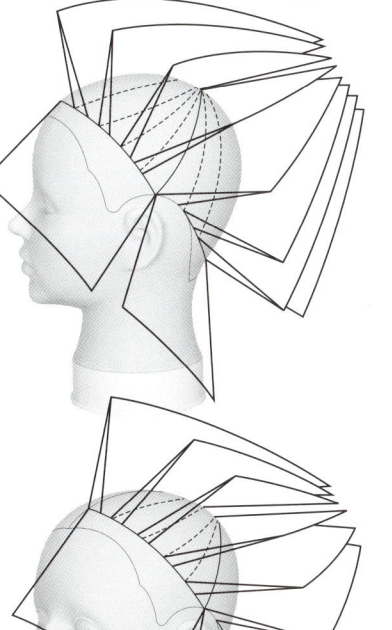

インターナル
インターナル

Cの構造

刈り上げ

正面から見ると、毛の厚みは3つのうちで一番薄い。構造上、耳後ろで分断されているため、2セクションであると予測できる。毛先はかなり軽くなっていて、削ぎがたくさん入っていることが分かる。インターナルをみると、トップはコンケーブ状でコンパクトになるようにカットしてある。その分、重さがたまるハチ下は刈り上げてある。毛先だけセニンググラを入れ、毛先が内巻きになるようにしてある。

インターナル

インターナル

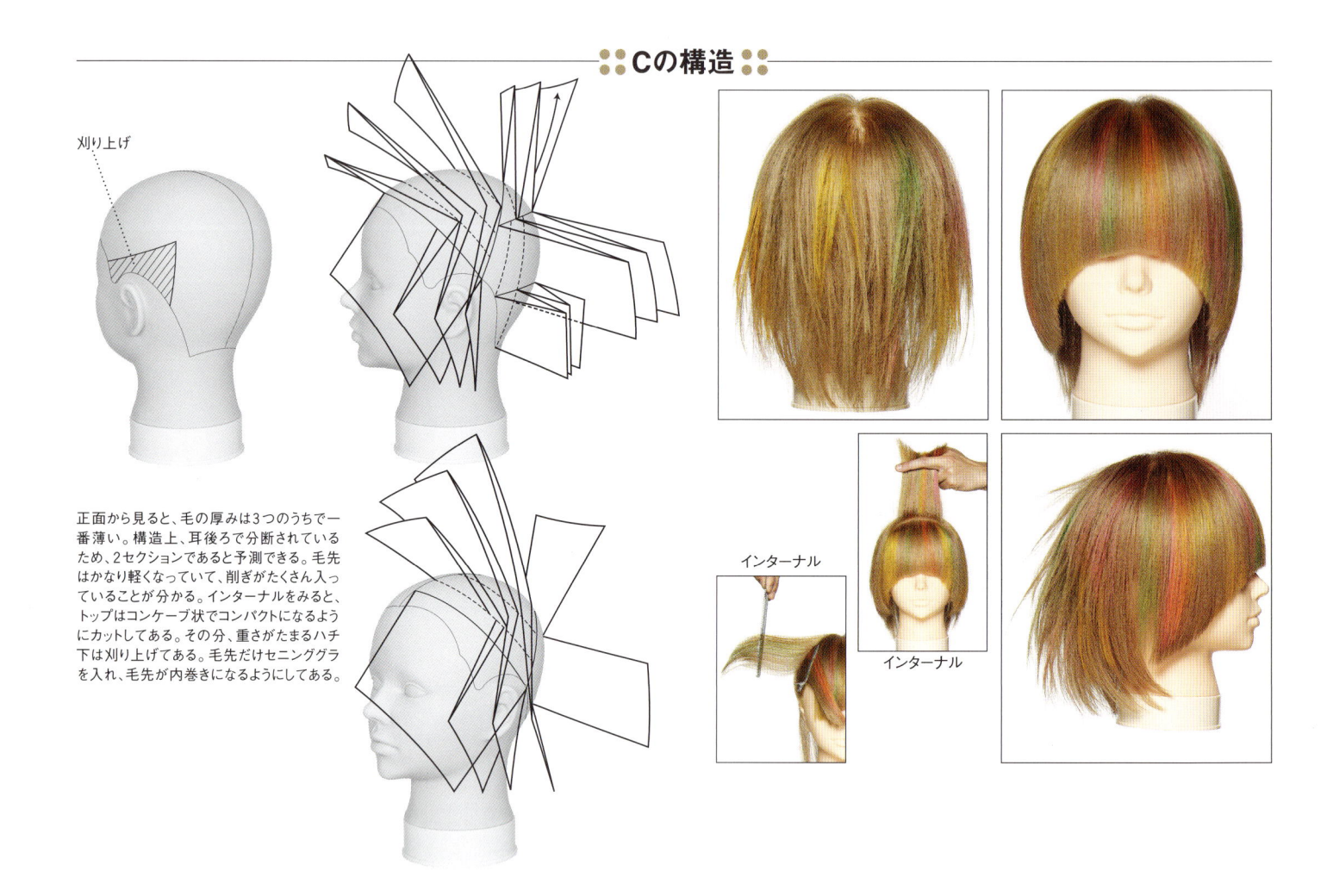

Message

最初に、この一見とても似ている3つのスタイルを見比べてもらったのは「一つのスタイルをつくるためのアプローチはいろいろある」ということを実感してもらうため。「このスタイルには、このテク」ではなくて、作るためのテクニックは無数にあり、それを僕たちは素材によって使い分ける、という発想をしていかなければなりません。ここからの内容は、その力をつけるためのトレーニングです。

インターナルを操作することで、どんなフォルムが作りだされていくのか。これは本を読んだだけでは体得できないし、1〜2回練習しただけでマスターできるものでもありません。繰り返し練習する中で、自分で何かを気づく、発見する。それが積み重なって、大きな力になります。この本は、そのためのツールです。

Introduction |02*

毛流れをつくるLの構造

Lのテクニックの大きな特徴は、フォルムと同時に毛流れ（動き）を出せること。
それはインターナルの作り方次第で生まれることを理解しましょう。

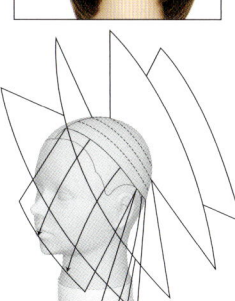

A

OK

バックのウエイトポイントが鼻とほぼ同じ位置にあることから、フロントで入れたLがバック全体にまで続いていることが分かる。サイド全体がリバースに流れるということは、フロントは短く、バックに向かうに連れて長くなる構造だということ。つまり髪が後ろに流れるように前方向へのオーバーダイレクションをかけてカットしていることになる。ただしこのようなタイトなフォルムにするためには、耳上はリフティングが必要だ。

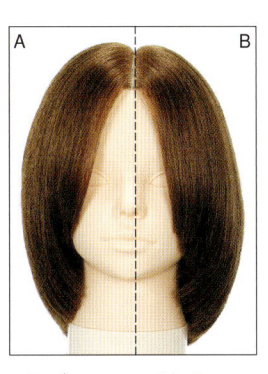

リバースに流れる インターナル

向かって左側はリバースに流れるように、Lのインターナルで構成しています。対して右側は毛先にLを入れているだけのスタイル。ダウンスタイルのときはどちらも似たフォルムに見えますが、リバースに流してみようとしたときに、その差は明らかです。

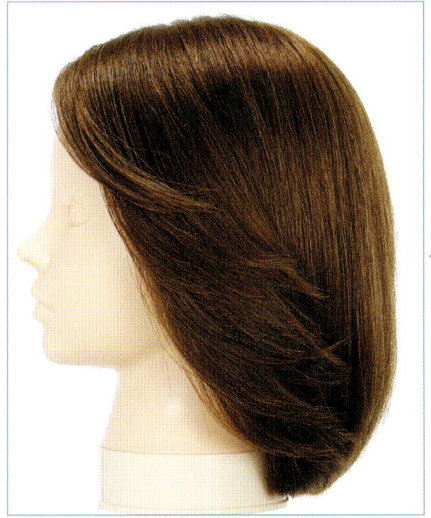

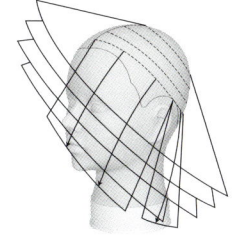

B

NG

正面から見たときの「OK」と見比べてみよう、ウエイトの位置が低いことやサイドから見た場合のバックの重さから、Lが毛先にしか入っていないことは明らか。コームで指しているラインをガイドに、ここにすべて集めてカットしている。そのため毛先にしかLが入らず、リバースに流そうとしても、毛先しか流れない。これでは一昔前のブロースタイルになってしまう。

A

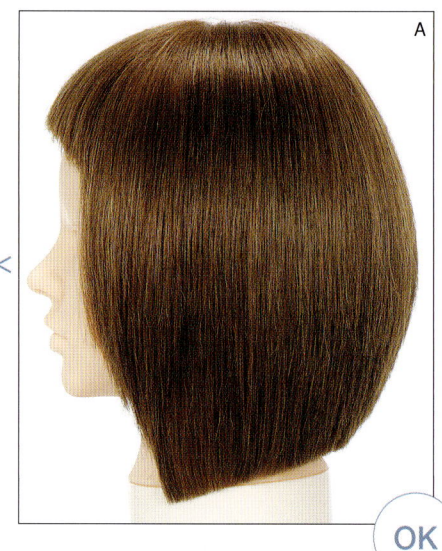

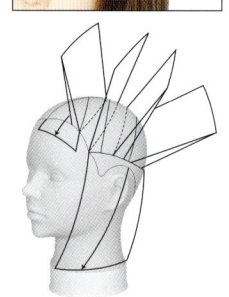

OK

ダウンスタイルで正面から見たとき、顔周りが短くなっていることがわかる。つまりフロントにはLかGが入っているということ。さらにバックから全体的にフォワードに動いていることから、オーバーセクション全体にLが入っていると予測できる。この場合はオンベースでオーバーセクションにLを入れていくことで、表面が大量に削られてフォワードへの毛流れをでやすくしている。

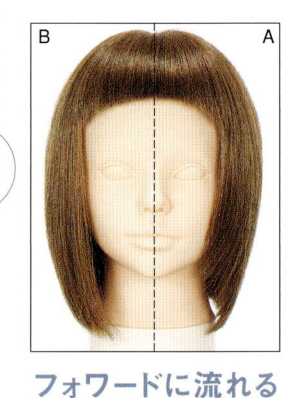

B A

フォワードに流れる インターナル

どちらもLが入っていますが、入っている位置が違います。A側はフォワードに流れますが、B側はうまく流れません。この差はどこから生まれるのか考えてみましょう。

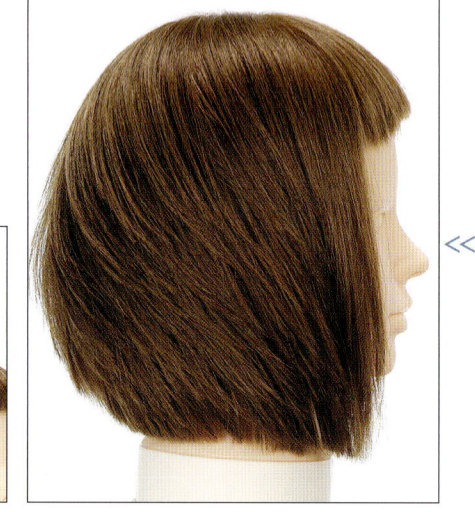

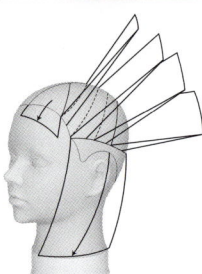

B

NG

サイドから見たバックのフォルムが丸みをおびていることから、バックにGもしくはLが入っていることが分かる。短くなっているバックの動きは強いが、フロントに向かうほど弱くなり、全体としてきれいな毛流れが出なくなってしまっている。こちらはバックからフロントにかけてLを入れる際に、バック方向へのオーバーダイレクションをかけてしまったためにGの部分が生まれ、結果的にコーナーが残ってしまったため。

Introduction |02*

大きなピッチの削ぎ

こちらはシザーの刃先を使って、毛と毛の間を間引くように削いでいったもの。下の「セニングレイヤー」を入れたスタイルと、動きそのものを見比べてみよう。こちらのほうが束感が主張されて、大きな動きに見えるはず。よりラフで力強い質感表現になっている。動きをLで作り出したら、次は仕上がりのイメージに合った削ぎを選択することが大切。

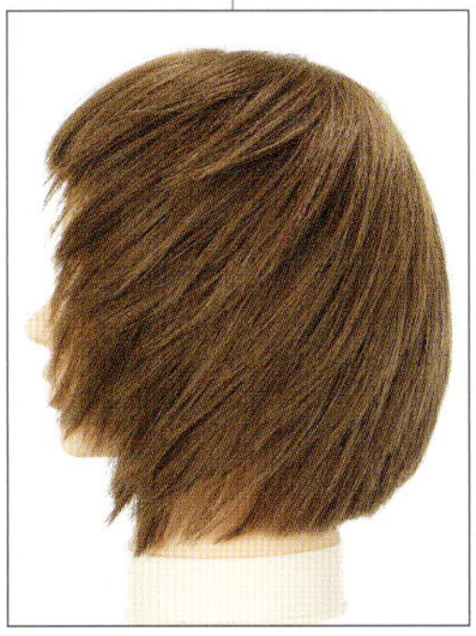

削ぎをプラスすると動きはどう変わるか？

前ページでフォワードに流れるようなインターナルにしたものに、さらに2種類の削ぎを加えることで、動きがどう変わるのかを見ていきます。

セニングシザーによる削ぎ

こちらはセニングシザーを用い、レイヤー状に削ぎを入れていったもの。細かい削ぎが全体に入ったため、毛束全体はなじんだ質感になる。削ぎをほとんど入れていない段階よりもよりストレートな印象が強まり、繊細な毛流れが表現されている。Lで作った毛流れにどんな削ぎを加えるかでも、このように動き方や質感に違いを出すことができる。

Introduction 03*

リフティングの復習

「フォルムレッスンG」において、もっとも重要なポイントだった「リフティング」と「オーバーダイレクション」は「L」でも同様に重要なテクニックです。まずは切り口に段差をつけるためのテクニックであるリフティングの基本をおさらいしておきましょう。ここではガイドライン（一つ前のパネル）に対して、次のパネルの角度を下げることと、同じ角度であることをリフトダウン、上げることをリフトアップと呼んでいます。

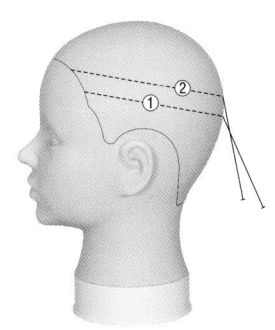

Lift Down②
2ndパネルは1stパネルよりも角度が下がっている。つまりリフトダウンされている状態。

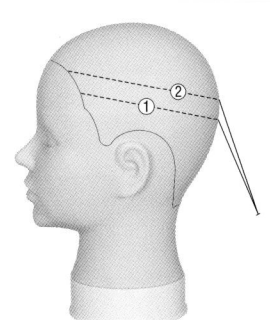

Lift Down①
この2ndパネルは1stパネルと同じ角度。同じ角度であればリフトダウンとなる。

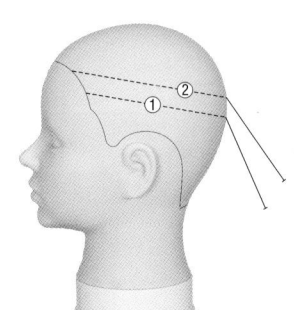

Lift Up
2ndパネルは1stパネルより角度が上がっている状態。これがリフトアップ。

1stパネル

2ndパネル
Lift Up

3rdパネル
Lift Down

1セクションずつ切り替えていくアップとダウン

「L」では「G」のときと同様に、1セクション、1パネルごとにリフトダウン、リフトアップを切り替えていくことがある。左のプロセスを追ってみると、1stパネルに対し、2ndパネル目はリフトアップし、オンベースに近いくらい角度が上がっている。しかし3rdパネルでは2ndパネルより角度を落としているので、リフトダウンに転じている。人間の場合このようにしてセクションごと、パネルごとにLとGを組み合わせていくことが多々ある。

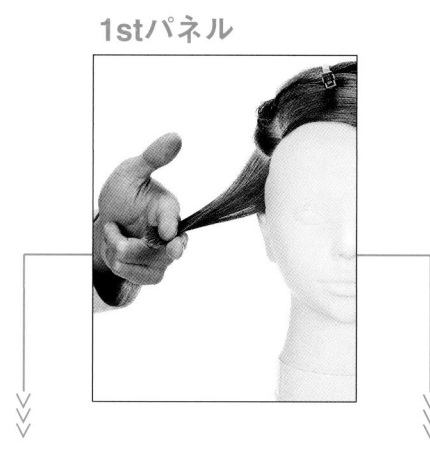

1stパネル

2ndパネル　**2ndパネル**
Lift Down

Lift Up

リフトアップとリフトダウン

実際にパネルで見てみよう。向かって右はリフトダウン、左はリフトアップのパネル移動となる。右は2ndパネルが1stパネルと同じ高さにあるので、リフトダウン。もしブラントで切れば切り口はG状になる。左はどちらも1stパネルよりも角度が上がっているのでリフトアップとなり、切り口はL状になる。

オーバーダイレクションの復習

Introduction |04*

オーバーダイレクションとはオンベースに引き出すのではなく、前後どちらかにパネルを引き寄せるテクニックのこと。
段差がつくと同時に、引く方向によって前・後どちらかに長さを残すことができます。
『L』でもオーバーダイレクションとリフティングを同時にかけるテクニックが出てくるので、正確なパネル操作をしていきましょう。

::オーバーダイレクションの基本::

後方へのオーバーダイレクション
リフトアップはせずに斜めスライスで、後方へのオーバーダイレクションをかけた。リフトアップはせず、各セクション同じ角度からかけている。前下がりになり、アウトラインにGが入る。

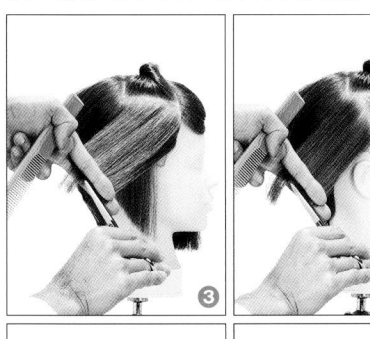

前方へのオーバーダイレクション
リフトアップはせずに斜めスライスで、前方へのオーバーダイレクションをかけた。前上がりのアウトラインになり、Gが入る。オーバーダイレクションだけで段が入ることがわかる。

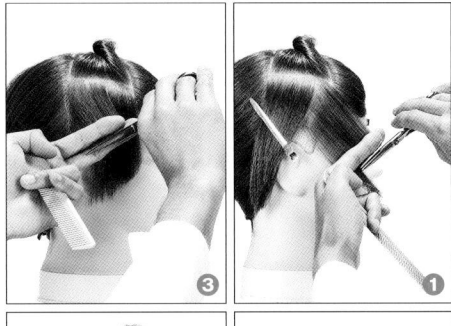

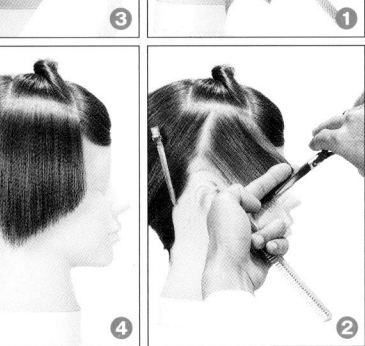

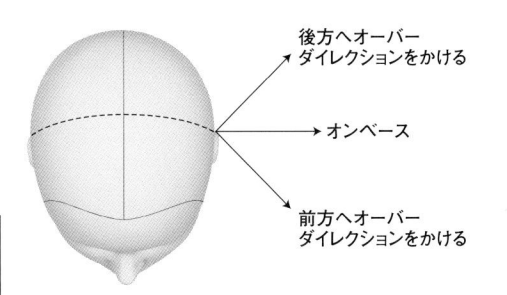

→ 後方へオーバーダイレクションをかける
→ オンベース
→ 前方へオーバーダイレクションをかける

イラスト説明
前方に引くオーバーダイレクションなら、後ろに向かって徐々に長くなり、逆に後方に引くオーバーダイレクションなら、前寄りほど長さが残る。主には前後どちらかが徐々に長くなっていくパネル構成にしたい場合に使う。

::オーバーダイレクションとリフティングの組み合わせ::

2ndパネル（リフトアップ）✗
後ろに流したいから、切り口に段差が必要だ、だからリフトアップしよう…よくある間違いがこれ。切り口にはLが入るが、同じ長さのパネルになるので、このまま切り進んでいっても後方に流れるようにはならない。

2ndパネル（リフトダウン＆オーバーダイレクション）〇
1stパネルより角度は下がっているリフトダウンだが、切り口にはGが入り多少の段差はつく。さらに前方へのオーバーダイレクションをかけているので、後ろになるほど長くなる。その結果「髪は短いほうから長いほうに向かって流れる」法則どおりに、後ろに向かう毛流れができる。

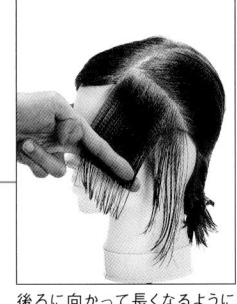

1stパネル
後ろに向かって長くなるようにしたいが、耳上は軽くしたい…そのようなときに、オーバーダイレクションをかけつつ、リフティングも行うパネル操作をする場合がある。これは1stパネル。次のパネルでどのような操作を行うのか見てみよう。

Introduction 05*

ここからのテクニックページは
こう使ってほしい！

▼

1テーマはこういう構成になっています

「テクニック編」は、「ロングレイヤー」「ショートレイヤー」「スクエアレイヤー」の3つのテーマに分かれています。さらに1つのテーマごとに①基本形とその分析、②基本形のテクニック、③基本形とほぼ同じ切り方でつくる、バリエーションのスタイルを3つ、④基本形とバリエーションを切る上で、起こりがちな失敗と発見の確認、という、4段階構成になっています。そのテーマごとに何を学んでほしいのか、どんな部分を鍛えるトレーニングなのかを提示してありますので、意味を確認しながら、順番に進んでいきましょう。写真と同じ形になるまで、どんなに時間がかかってもいいから、じっくり取り組むこと。それから、次のステップに移るようにしてください。提示してあるスタイルの切り方を覚えることが目的ではありません。これらのテクニックにトライし、失敗したり発見したりする過程で、応用力も養っていくことを目指したトレーニングなのです。

スタイリストなら、この段階からトライ！
スキルアップを図ることが目的のスタイリストであれば、この写真を見ただけの段階で、まずはカットしてみよう。自分で考えたダイヤグラムも残しておこう。

まずは基本の形をじっくり観察！
テーマごとの基本形をまずはじっくり観察。この写真だけを観て、インターナルがどうなっているのか想像してみよう。

ダイヤグラムを起こしてみよう
基本形をいろいろな角度から分析。ダイヤグラムも1つに限らず、何パターンか考えてみよう。できれば初心者もテクニックプロセスを見る前に、一度カットしてみることをおすすめ。

基本のテクニックにじっくり取り組んで
基本形のテクニックプロセスを詳しく紹介。写真と同じ形になるまで、何度でも挑戦してみて。切れるようになったら、次はタイム。最終的には20分以内で切ることを目指す！

同じ切り方で、違うスタイルに挑戦だ！
基本形とほぼ同じ切り方、手順で、違うスタイルをつくってみよう。基本形で学ぶテクニックをよりカンペキにマスターするために、とても大事なプロセスだ！

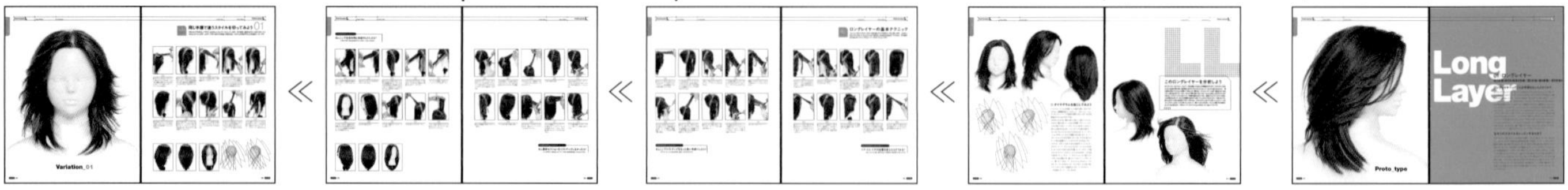

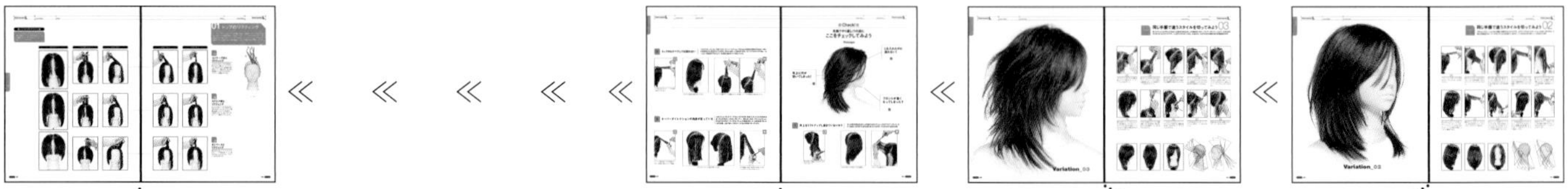

カットすることと、シミュレーションすることを繰り返そう
ただやみくもにカットするだけでなく、1つ切るごとに、どこが違ったのか、どうすればよかったのか、頭のなかでじっくりシミュレーションしていくことが大切だ。

失敗と発見部分を整理しよう
プロトタイプの「良くある失敗」をまとめたページ。ここでもう一度整理することで、テクニックの理解がぐっと深まる。

パーツごとのLの使い方を知ろう！
頭のパーツごとのLの効果を知ることで、「似合わせ」に対応できるようになる。ここをマスターすれば、応用力はぐっと高まる！

Long Layer | Super Basic | Form Lesson L

Long Layer

01 | ロングレイヤー

ロングレイヤーってどんな特徴をもったスタイル？

ロングレイヤーは、日ごろのサロンワークでもおなじみのスタイルですよね。ここでは、レングスは肩より下の長さ。上が短くて下になるほど長くなるパネルのつながりを持つ、L構成のスタイルを指しています。このパネル構成が大きくなめらかに動く毛流れをつくっていくのです。ただし上が短くなればなるほど、フォルムはフラット気味になり、長くなればなるほど厚みを感じるスタイルに変化します。L構成のスタイルは、G構成に比べるとフォルムはつかみにくいといえますね。さらにロングレイヤーは長さがある分、落ちた毛束がなじみあってしまい、フォルムが見えづらい、という悩みに突き当たるかもしれません。が、ウエイトラインと呼べるものこそ無いけれど、このスタイルにはしっかりとした形と、意思的な動きが存在すると思いませんか？　このメリハリと、動きのつき具合こそが、Lのフォルムコントロールで大切な部分なのです。レイヤー＝「軽さ」の重なり、とだけ思っていては、このフォルムにはなりません。このプロトタイプは全体としてはLの構成ですが、場所によってはLからGに、またGからLに、細かく移行しています。そのコントロールをオーバーダイレクションとリフティングを組み合わせてつくっていくのがロングレイヤーです。

なぜこのスタイルをレッスンするのか？

長さがあるので、初心者にはパネル操作が複雑？　いいえ、実はロングレイヤーのほうがとっつきやすいのです。理由はある程度は切り直しが可能だ、ということ。それにパネル構成の特徴である「髪は短いほうから、長い方へ向かって動く」原理が、よりダイレクトに見えやすいからです。この原理をしっかり確認しながら、リフティングとオーバーダイレクションの練習を積んでいって欲しいので、最初にロングレイヤーを持ってきました。ここではいっさい削ぎを入れていませんが、一番ありがちな失敗は「フォルムが重くなり過ぎる」、つまり「リフトアップが足りない」ということ。特にクラウン周辺はリフトアップしきれず、結果として重い、メリハリのない頭になりがちなので注意しましょう。反対にリフトアップしすぎると、アウトラインがペラペラになるだけで、髪が動かない、という失敗に陥ります。どこを残して、どこを削るか。1パネルずつ正確な判断を下しながら、フォルムコントロールをしていきましょう。

Long Layer | Form Lesson **L** | Super Basic | Long Layer

Proto_type

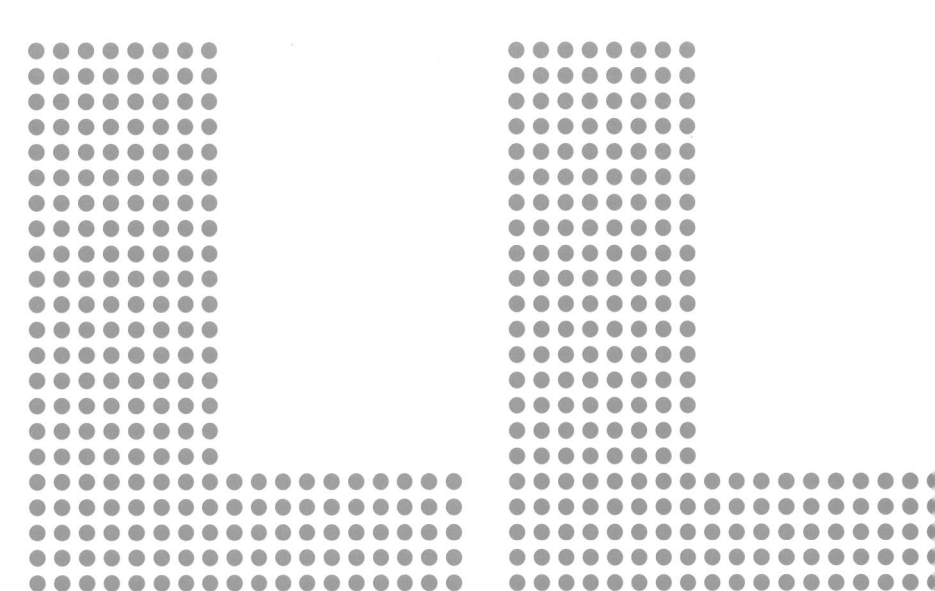

Long Layer | Super Basic | **Form Lesson L**

このロングレイヤーを分析しよう

ロングレイヤーのバリエーション1〜3と比較してみるとより明確なのですが、このスタイルはなんとなく全体が同じ長さ、頭の形に沿うようなフォルムになっているように感じませんか？ 特に横から見たフォルムに注意してみましょう。限りなく、セイムレイヤーに近い構成なのではないか、と思えるはずです。しかし、まったく同じ長さであっては、フォルムはもっとぼやけてしまいますから、リフトアップによるレイヤーの積み重ねばかりでなく、要所ごとにリフトダウンを行ってGが組み込まれていることが想像できるのではないでしょうか。それからブローで流さなくても、後ろにきれいに流れる動きができていますよね。このことから上から下に行くにしたがって、またフェイスラインからバックに行くにしたがって、短いパネルから長いパネルに移行する構成になっていると言えます。つまりオーバーダイレクションがかかっているということです。

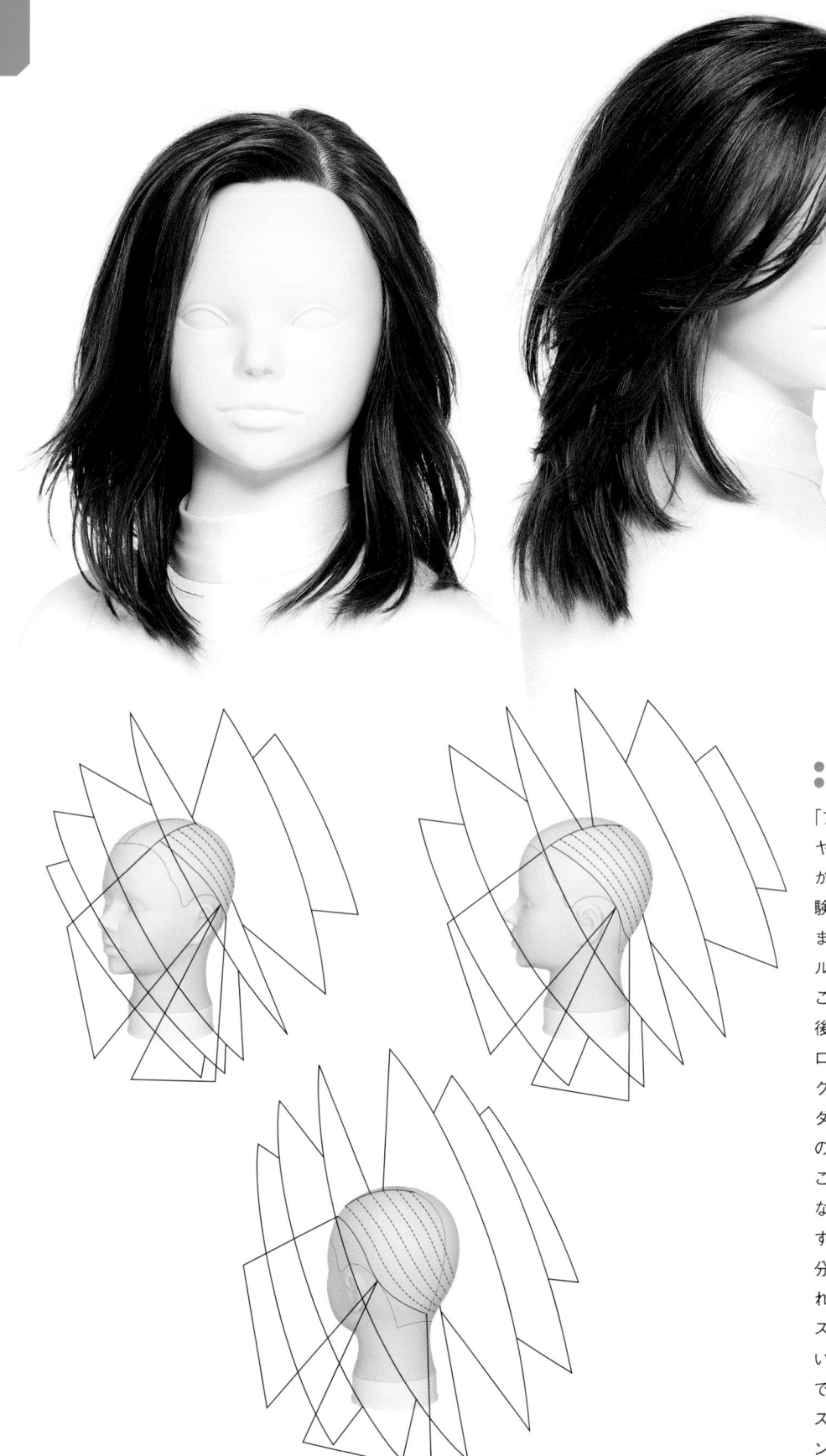

| Form Lesson **L** | Super Basic | Long Layer |

:: ダイヤグラムを起こしてみよう

「フォルムレッスンG」と同様、カットを始める前に、自分でダイヤグラム=展開図を起こしてみましょう。そのシミュレーションが、どれくらいテクニックと原理の習得に役立ったか、「G」を経験済みの方にはお分かりですね?

まず考えられるのは、前から後ろに向かって流れているスタイルなので、前から切っていったほうが計算しやすい、ということ。このとき若干でもオーバーダイレクションをかけていかないと、後ろには流れませんよね。フェイスラインの毛流れを見ると、フロントからフロントサイドにかけてはかなり大きくオーバーダイレクションがかかっていることが想像できると思います。オーバーダイレクションの大きさを見抜くポイントは、サイドから見たときの、アゴ先の位置からバックにかけての「くびれ具合」です。ここが大きくくびれていれば、かなりの長短がついていることになるので、オーバーダイレクションも大きい、ということになります。またクラウンのあたりはかなり軽くなっているので、この部分は大きくリフトアップされていることがわかります。この毛流れを出すリフティングとオーバーダイレクションには、斜めスライスがもっとも合理的です。縦スライスではリフティングがしづらいし、横スライスではオーバーダイレクションがかけにくいためです。そう、メリハリのあるレイヤースタイルをつくるためには、斜めスライスのカットがとても重要なのです。ここではそのトレーニングも同時に行っていくことになります。

Long Layer　　Super Basic　　Form Lesson **L**

ロングレイヤーの基本テクニック

PROTOTYPE

フェミニンなテイストで、サロンの定番スタイルのひとつだと思います。これをいかにメリハリのついたフォルムにできるか、自然な毛流れをつくれるか。その操作をするのがリフティングとオーバーダイレクションです。

<<<<<<<

05
3rdパネル。フロントトップに近づくに連れて、パネルの角度を徐々に上げていく。同時に切り口はどんどんL状になっていく。

04
2ndパネル。1stの延長上で、スライスに平行に引いてカット。

03
第1セクションに、ガイドをつくる。スライス線に対してほぼ垂直（頭皮に対して0度）に引き出して、平行にカット。この角度だと、ほぼセイムレイヤーの切り口になる。

02
フロントからスタートするレイヤーは、この1stセクションの取り方で顔の見え方が違ってくる。ここでは耳後ろの位置でイア・トゥ・イアを取り、Lを入れていく。

01
Beforeの状態は、水平のワンレングス。

10
第2セクションからは、切りやすさを優先させて、トップからカットしていく。7をガイドに、ここからはリフトダウンで、前方へのオーバーダイレクションをかけていく。

09
第2セクション。今度はネープ近くまでスライス線を取る。ここからは、さらにLの段差を大きくしていきたいので、縦スライスに近い角度に移行していく。

08
フロントサイドから見たところ。首筋と顔の出る面積に注目。これがガイドラインとなる。

07
第1セクションの切り上がり。このように第1セクションを耳後ろから取っている場合の、アウトラインの傾斜のつき具合と段差の入り具合を他と比べてみよう。

06
4thパネル。最もパート寄りのパネルでは角度はこのくらいまで上がる。切り口は完全にL状になっている。

Challenge! >>>from 08

イア・トゥ・イアの位置を変えたらどうなる？
＞＞＞設定ラインにより、顔の見え方（顔の出る面積）が違ってくる。

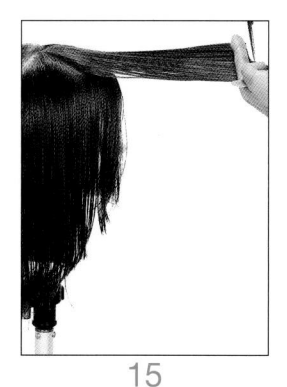

| Form Lesson **L** | Super Basic | Long Layer |

15
第3セクションからは、求めるフォルムに合わせて、トップを少しリフトアップしていく。これは顔周りとフォルムの厚みを軽くしていくため。

14
トップはG状だが、アンダーセクションになるにしたがってL状に変化し、バックに行くにしたがって長さが残るパネル構成になった。これで後ろに流れやすくなる。

13
一番ネープ寄りのパネルもリフトダウン。オーバーダイレクションも大きくかかる。

12
バックに重さを残したいので、下のパネルになるにしたがって、徐々にオーバーダイレクションも大きくなってくる。

11
同様にリフトダウンでカット。上のパネルはまだオーバーダイレクションが小さい。

20
次のパネルからはややリフトダウン。しかし第3セクションの同位置（16）よりはアップ。この操作で、顔周りは軽くしつつ、バックにはある程度の重さを残す。

19
第4セクションのトップはセイムレイヤーくらいまでリフトアップ。このあたりは顔周りにとても影響するので、厚みを残しすぎると野暮ったい印象になってしまうため。

18
第3セクションの切り上がり。アウトラインはキープしつつ、フロント周りに軽さを出していく。

17
しかし耳後ろからはリフトダウン。バックは前方にオーバーダイレクションがかかっているので、ここをリフトアップすると、アウトラインが薄くなり過ぎてしまうため。

16
次のパネルでも少しリフトアップ。

Challenge! >>>from 19
もしここでリフトアップをもっと低い角度にしたら？
＞＞＞フロント・トップに重さが残り、頭が大きく見えてくる。

| Long Layer | Super Basic | Form Lesson **L** |

<<<<<<

25
24よりリフトダウン。ただし、その下のセクション（20）よりは、リフトアップ。このあたりはバックのウエイトをつくるので、Gを入れ過ぎないことが大切。

24
ここから先はバックに向けて徐々にリフトダウンしていくが、次のパネルは、ほんの少しリフトダウンする程度。

23
その上のセクションでは前方へのオーバーダイレクションをかけつつ、19よりリフトアップ。

22
ここまでの切り上がり。

21
次も20よりはリフトダウン。オーバーダイレクションも大きくかかっているので、後ろに重心がいくフォルムになる。

30
逆サイドも同様に耳後ろでセクションを取る。

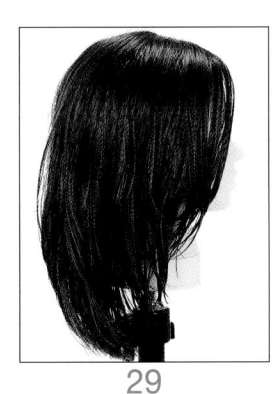

29
ヘビーサイド（右）の切り上がり。

28
次のパネルも一つ下のセクションに合わせて、前方にオーバーダイレクションをかけてカットする。

27
その上の最終セクションのバックは、前方にオーバーダイレクションをかけながらリフトアップする。これで頭の形に沿ったバックのフォルムができる。

26
バックに重さを残したいので、アウトラインに近いバックは思い切りリフトダウン。

Challenge! >>>from 27

もし最終セクションをリフトアップしなかったら？
＞＞＞バックのウエイトがもっと下に下がり、締まりのないフォルムになる。

| Form Lesson L | Super Basic | Long Layer |

Challenge! >>>from 33
もしここで左右を同じ角度のLにしたら？
> > > ライトサイドに重さが残りアシンメトリーになってしまう。

35
左サイドは落ちる位置を良く確かめながら、リフティングをコントロールしていくこと。

34
次のセクションも、ガイドに合わせてリフトアップしてカット。

33
第1セクションの切り上がり。パートからの距離が短い分、ヘビーサイドよりも急角度のL（段差が大きくなる）を、パート際からテンプルまで入れることで、結果的に左右がシンメトリーになる。

32
しかし次のパネルからは、パート際からテンプルまでのLの切り口の角度を少し深くして、カットする。

31
ヘビーサイドと同様に、前方にオーバーダイレクションをかけて、カット。

40
サイドパートなので、正面から見て、顔周りのLが左右対称であることと、フォルムの輪郭が左右対称であることを確認すること。

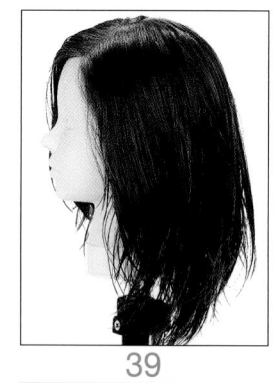

39
左サイドの切り上がり。

38
バックのLに繋げていくことで、フォルムを形づくる。

37
そこから徐々にリフトダウンする。

36
クラウンのあたりはウエイトラインを残さないように、セイムレイヤー状にまでリフトアップしてカット。

Long Layer　　Super Basic　　Form Lesson **L**

同じ手順で違うスタイルを切ってみよう 01

Variation

プロトタイプの延長上ですが、もう少しハイレイヤーが入っています。その結果、顔周りがだいぶ短くなり、ウエイトも上がっています。Lのアングル（切り口の角度）が変わると、フォルムが変化することを知るレッスンです。

<<<<<<

05
第2セクションはフロントからスタート。第1セクションをガイドに、ここからは、顔周りを軽くするために徐々にリフトアップし、前方へのオーバーダイレクションもかける。

04
第1セクションの切り上がり。プロトに比べると、トップに行くほど急角度のLになり、頬の見える範囲が広がったことが分かる。これがガイドになる。

03
フロントトップでは床に対して、ほぼ垂直のラインでカットしている。

02
オーバーセクションになるに連れて、リフトアップしていくことで顔周りのアウトラインをソフトにすることができる。Lのアングル自体がプロトとは変わり、もっと急角度のLになる。

01
第1セクションのスライスはプロトとほぼ同じで、耳後ろから取る。スライスは縦に近い斜めに取り、スライスに平行にカット。

10
切り上がり。Lのアングルがプロトよりも深いためにハイレイヤーが入り、全体に大きな段差がついていることがわかる。

09
逆サイドも終了後、バックのつなぎ部分は、オンベースより少し低い角度で、オーバーダイレクションもプロトほどはかけず、すでにカットした側に繋げていくようにする。

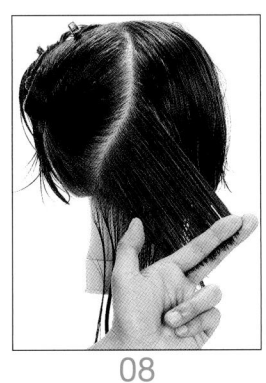

08
アンダーセクションに向かうに連れて、やはりリフトダウン。オーバーダイレクションも上のパネルよりはかける。

07
ウエイトラインを強く出したくないので、クラウンのあたりはほぼオンベースでカット。完全にL状にする。オーバーダイレクションもほとんどかけていない。

06
ウエイト感をつくりたいバックのこのあたりはリフトダウン。プロトほどは後ろへ重心をつけたくないので、オーバーダイレクションもあまりかけない。

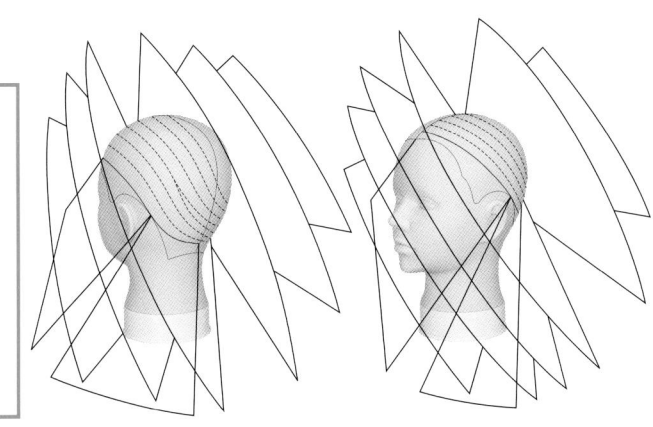

| Long Layer | Form Lesson **L** | Super Basic | Long Layer |

Variation_01

technique_021

Long Layer | Super Basic | Form Lesson **L**

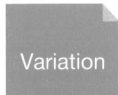

Variation 02 同じ手順で違うスタイルを切ってみよう

プロトとバリエーション1の中間に位置するスタイルです。Lのアングルはバリエーション1に近いのですが、プロトと同程度のオーバーダイレクションをかけているので、バックにはかなりボリュームが出ています。

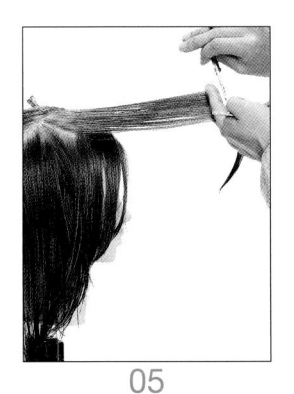

<<<<<<

05
バリエーション1では、クラウン付近をリフトアップしていたが、こちらはリフトダウン。

04
第2セクションのアングルもやはりバリエーション1とほぼ同様。しかし大きくオーバーダイレクションをかける。

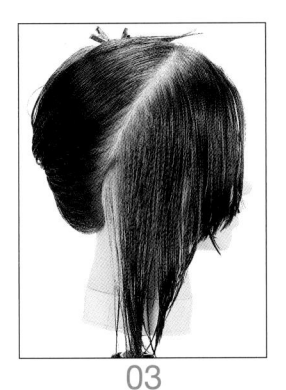

03
切り上がり。頬にかかる長さはバリエーション1と同じだが、オーバーダイレクションが大きくかかっている分、後ろが長くなり、サイドが急角度になる。

02
オーバーセクションになるにつれて少しリフトアップし、カットラインを床に対して垂直気味にしていく。これは強いアウトラインをつくりたくないため。

01
第1セクションのスライスは、プロトやバリエーション1と同様に、耳後ろで取る。Lのアングルはバリエーション1とほぼ同様で、縦気味のラインでカット。

10
切り上がり。Lのアングルが深いためにハイレイヤーが入っているが、オーバーダイレクションを大きくかけたために、バックには長さが残り、ふっくらした量感ができた。

09
最終セクションもオーバーダイレクションをかけながらリフトアップしてカットし、ウエイトラインをぼかす。

08
次のセクションでは再びオーバーダイレクションをしっかりとかけるが、その下のセクションよりはリフトアップ。これはフォルムを丸くし、ウエイトラインを下げ過ぎたくないため。

07
ネープ付近は完全にリフトダウンでオーバーダイレクションも少ない。フロントの顔周りはかなり軽くなっているが、バックはアウトラインとウエイト感をキープする。

06
やはりリフトダウン。これはバックにしっかりと重心を残したいため。このあたりになるとオーバーダイレクションも小さくなる。

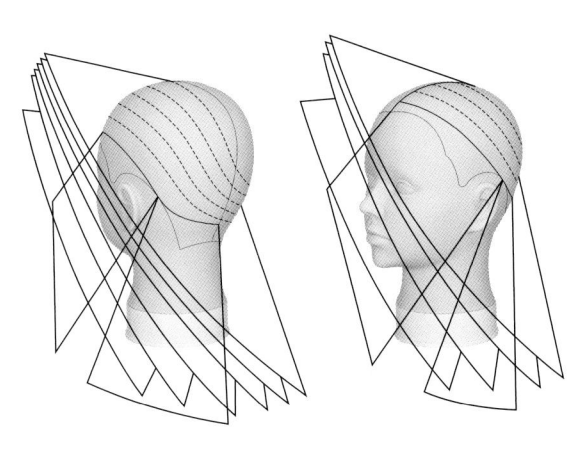

022_technique

| Form Lesson **L** | Super Basic | Long Layer |

Variation_02

Long Layer | Super Basic | Form Lesson **L**

Variation
同じ手順で違うスタイルを切ってみよう 03

第1セクションをプロトよりももっと後ろに取るため、Lの幅が広くなり、リフトアップしていくことで、さらに段差が大きくなったスタイルです。ここまでLが大きく入ると、毛流れというより毛先の動きのほうが強調されます。

<<<<<<

05 ミドルセクションはフォルムに重さを残したいので、前方にオーバーダイレクションをかけていく。

04 第2セクションからは、3をガイドにリフトアップしていく。スライスは徐々に縦気味になる。ここではほぼオンベースにまでリフトアップ。

03 切り上がり。切り口はハイレイヤー状になり、頬から首にかけては肌のみえる面積がかなり広くなっている。

02 オーバーセクションでは、オーバーダイレクションがこのくらいの大きさになる。結果的にバックとフロントとではかなりの長短がつくことになる。

01 第1セクションのスライスは、プロトよりももっと耳後ろで取っている。スライスに平行にカット。前方へのオーバーダイレクションもしっかりかける。

10 切り上がり。アンダーのセイムレイヤー状の部分と、ミドルのオーバーダイレクションをかけた部分、トップのリフトアップ部分の組み合わせでフォルムができている。

09 クラウン付近はリフトアップして重さを取り、ウエイトをぼかして柔らかい丸みにすると同時に、コンパクトなフォルムをつくる。

08 バックに行くにしたがってオーバーダイレクションをかけるが、適度な長さを保つ大きさのオーバーダイレクションにすること。

07 ここからは6をガイドにオーバーダイレクションをかけて、バックに丸さをつくる。

06 耳後ろあたりからは、再度リフトアップして、ネープをタイトにする。

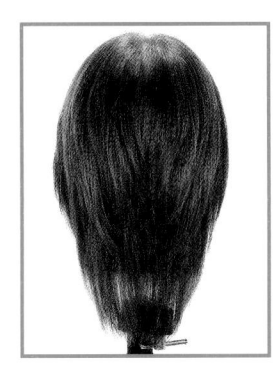

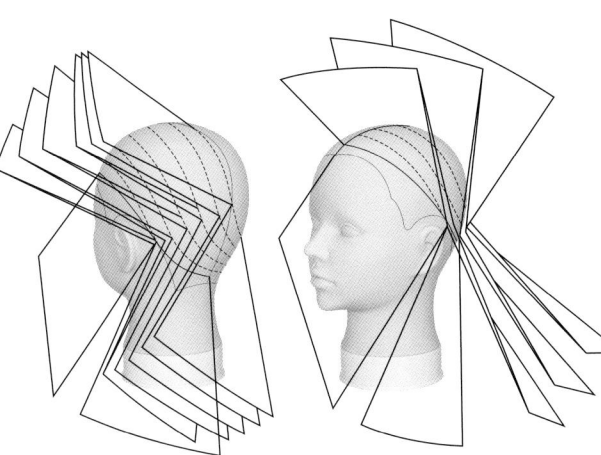

| Form Lesson **L** | Super Basic | Long Layer |

Variation_03

Long Layer　　Super Basic　　Form Lesson **L**

:: Check! ::

失敗?やり直し!?の前に
ここをチェックしてみよう

Prototype

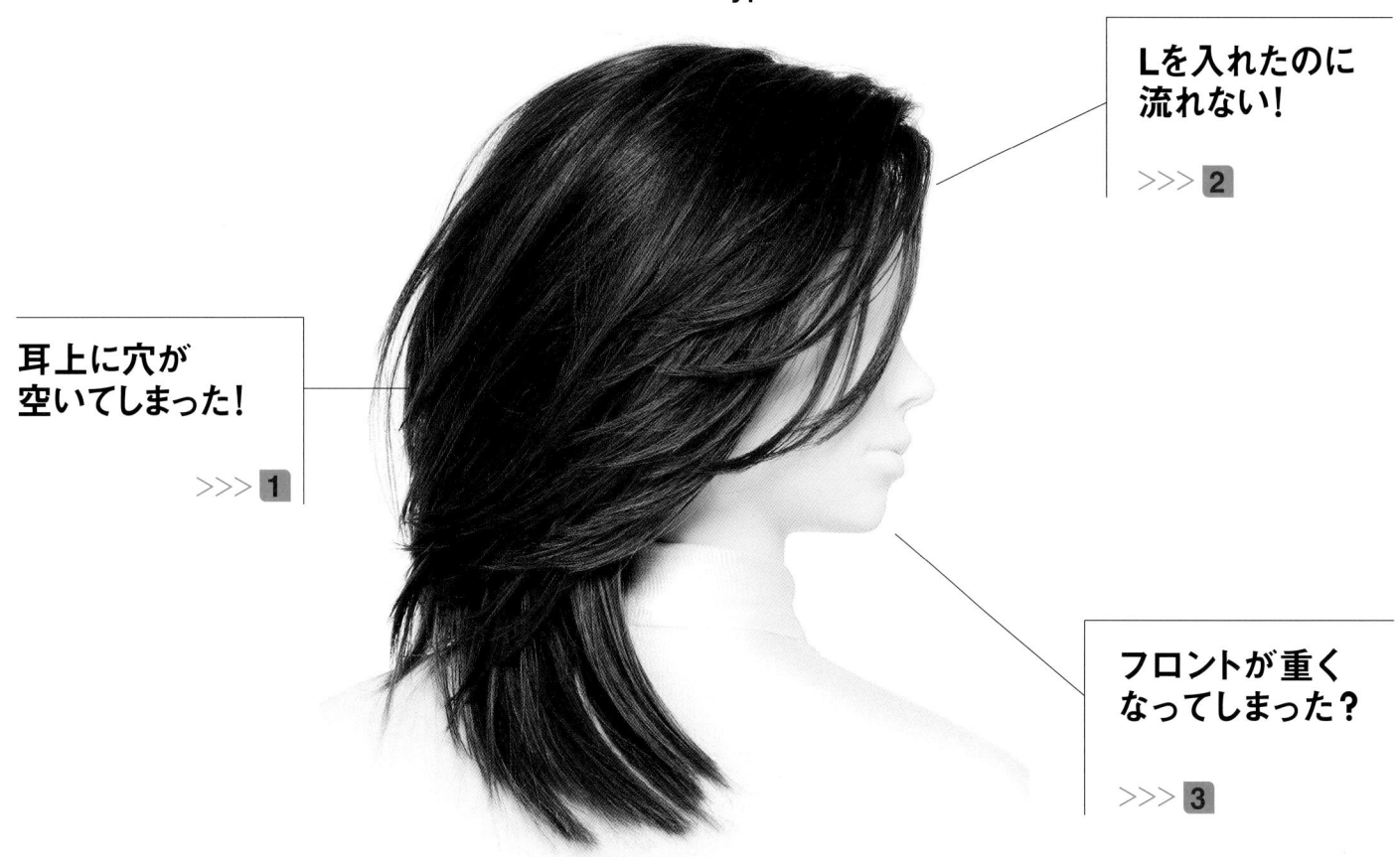

耳上に穴が
空いてしまった!
>>> **1**

Lを入れたのに
流れない!
>>> **2**

フロントが重く
なってしまった?
>>> **3**

---

1 耳上をリフトアップし過ぎていないか？ | 耳上の重さを取るために、この部分は各セクションごとにリフトアップしているが、角度を上げすぎてしまうと逆に耳上に穴が空いてしまうので注意が必要

○ 耳上の正しい角度。リフトダウンでアウトラインをキープ。

このように耳上に穴が空いてしまう結果に。

✕ リフトアップをし過ぎている。

| Long Layer |

| Form Lesson **L** | Super Basic | Long Layer |

2 トップからすべてLでは流れない

「フォルムレッスンG」で述べたが、オーバーセクションではGとLの特性が逆転するため、フロントを最初からL構造にしてしまうと、後ろに向かって流れなくなる。そこでプロトタイプではL→G→Lという構造にすることで、毛流れと軽さをつくり出している。

トップはGにすることで、バックに向けて流れるようになる。

このように毛流れが出なくなってしまう。

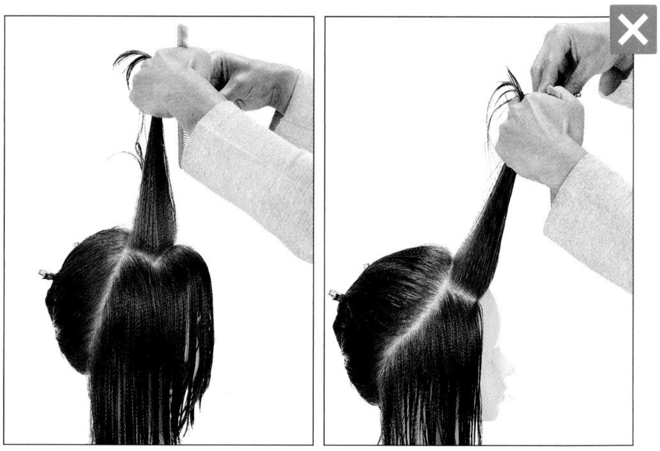

リフトアップし過ぎてすべてL構造になってしまう例。インターナルが完全にL状になっている。

3 オーバーダイレクションの角度が狂っている

1stセクションのLのアングルとパネルを引く角度でLの入り方が100%決まってしまうのが、このロングレイヤー。最も多いのが、フロントセクションの1stパネルのオーバーダイレクションの角度が狂って、Gの角度になってしまう失敗。これではトップまでいってもGのままになってしまう。

オンベース状に正しくパネルを引いているので、完全にL状になっている角度。

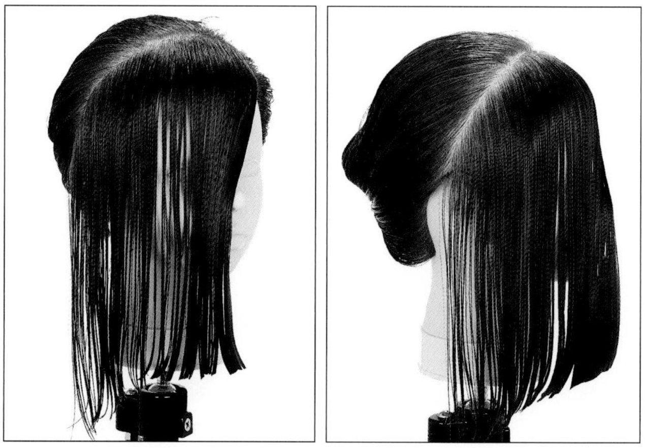

このようにフロントに重さが残ってしまう。

手の角度に注目。若干後ろに引いてしまっているので、Gになってしまっている。

Short Layer | Super Basic | Form Lesson **L**

Short Layer

02 | ショートレイヤー

ショートレイヤーってどんな特徴をもったスタイル?

ここでは、基本的にL状の短い毛の重なりでできていて、毛先がほとんどすべて表面に出ているスタイルをショートレイヤーと呼びます。セイムレイヤーもこのカテゴリーに入ります。毛先が表面に出るということは、毛の動きがかなり目立つ、ということですね。また、ショートレイヤーは顔の出る面積が大きく、頭の輪郭もはっきり出てくるスタイルなので、似合わせのためのLのアングル設定がとても重要です。Lのアングルがセイムレイヤー状に近づけば近づくほど、頭の丸みに沿ったフォルムになっていきます。その一方、短い毛の重なりで頭の形に沿うため、ウエイトポイントが見えづらいといえます。しかしその中でもしっかりとメリハリのついたフォルムにしていかなくては、締まりの無いスタイルになってしまうので、注意が必要です。

なぜこのスタイルをレッスンするのか?

パネルの重なりがすべて表から見える構造なのが、このショートレイヤー。その構造の中でフォルムをどうつくっていくのかが、今回のトレーニングのテーマです。オーバーダイレクションも使いますが、メインはリフティング。リフトアップでウエイトをコントロールするテクニックを身につけることが、最大の目的です。レングスに対して適切な厚みをLで作り出していくテクニックを習得しましょう。この「レングスに対する厚みのバランス」という考え方は、Lの場合、とても重要です。厚みがありすぎると頭が大きく見えるし、薄すぎてもおかしなスタイルになってしまいますよね。L構造のスタイルは、横から見たフォルムだけでなく、正面から見た場合のレングスと厚みの関係=正面からのフォルム、にも注目してください。毛先がすべて表面に現れてしまうショートレイヤーでは、オーバーセクションのコントロールの甘さが、そのままフォルムの甘さになって表れてきます。オーバーセクションは骨格上、前後・左右に複雑な落ち方をしていきます。良くある失敗がハチ部分を切り込み過ぎること。その結果、トップが重くなってしまい、逆なすび型のシルエットになってしまうのです。こうなると頭が長く、大きく見えてしまいます。ショートレイヤーでは、オーバーセクションの毛の落ち方を計算し、頭に沿うシルエットでありながら、立体的でコンパクトなフォルムをつくるためのオーバーダイレクションを習得していきましょう。

| Form Lesson **L** | Super Basic | Short Layer |

Short Layer

Proto_type

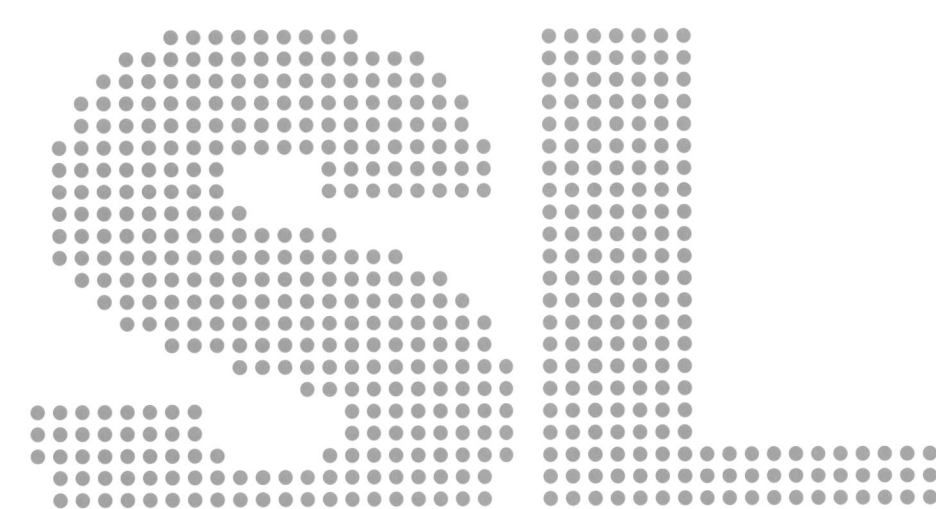

Short Layer | Super Basic | **Form Lesson L**

SL

このショートレイヤーを分析しよう

このプロトタイプは頭の丸みに沿ったフォルムを持ち、毛先が表面に出て大きく動いています。限りなくセイムレイヤーに近い構造なのですが、本当にすべてがセイムレイヤー状のパネルで構成されていたら、頭の骨格の特性上、もっとフラットで四角いフォルムになってしまっているはず。と、いうことは、このスタイルはセイムレイヤー状のLをベースに、要所ごとにLのアングルを変えていると考えられます。そのためにはリフティングとオーバーダイレクションが必要になると予想されますね。次に横から見たときのフェイスラインの角度に注目してみましょう。バック〜サイドのアウトラインの延長上にあるように感じませんか？ そして、どちら側にも重心が偏っておらず、ウエイトラインも頭の丸みに沿っていますね？ ということはオーバーダイレクションはあまりかかっていないと考えられます。

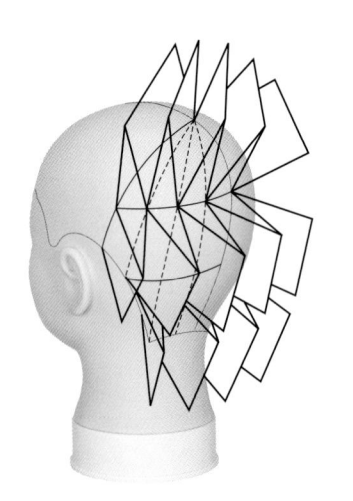

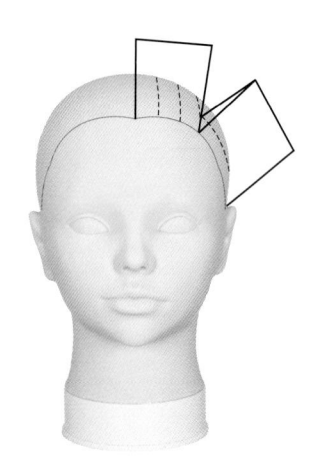

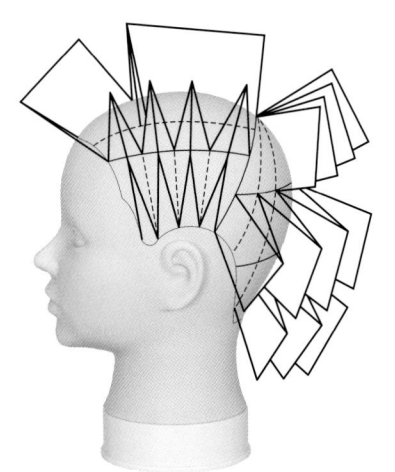

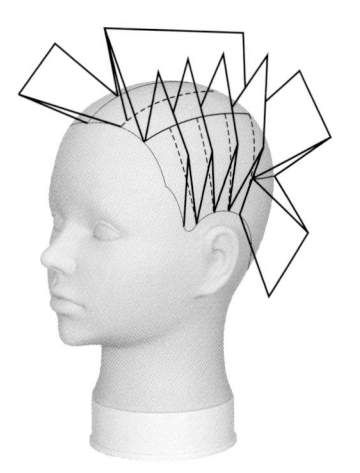

| Form Lesson **L** | Super Basic | Short Layer |

∷ ダイヤグラムを起こしてみよう

横からのフォルムに注目しましょう。ウエイトポイントと呼べるものはありませんが、頭の形に沿いつつも、メリハリのある形になっていますね。ということはまったくのセイムレイヤー状ではない、ということです。よく見ると、ミドルセクションに相当する部分が一番丸みをもっているとわかります。ということは頭をアンダー、ミドル、オーバーの3分割で考えたほうが合理的ですね。ネープのアウトラインは厚みがなく、耳後ろからぼんのくぼにかけては曲線のフォルムで繋がっています。このことから、ネープ付近はオンベースで、オーバーダイレクションはかかっていないと予測されます。その上のミドルセクションは、バックセンター付近はアングルをG気味にしてカットし、頭の丸みをキープしているものと考えられます。ただし耳上はリフトアップしてオンベースに戻してあげないと重さがたまってしまいます。その上のオーバーセクションは、再びしっかりとL構造になっていますね。もしGならウエイトポイントがはっきりと生まれてしまい、まったく別なフォルムになっているからです。ただしここを切り込み過ぎると、その下のミドルセクションが強調されて、ウエイトが目立つ結果になるので注意。この部分は適切な角度に設定することがとても大切です。サイドの耳より前は前下がりになっています。そして正面から見ると、頭の形に沿いつつも、やや四角いフォルムになっていますね。ということはトップからスクエア気味のLが入り、オーバーダイレクションをかけて長さをキープしていると予想できます。

Short Layer | Super Basic | Form Lesson **L**

ショートレイヤーの基本テクニック

PROTO TYPE

頭の丸みに沿った、セイムレイヤーに近いスタイル。毛先のほとんどすべてが表面に現れてくるため、動きも大きくつきます。短い毛の重なりで、フォルムにメリハリを出していく操作を、リフティングのコントロールで行っていくスタイルです。

<<<<<<

05
2ndパネル。1stと同様に、オンベースでカット。

04
このような角度のLが入った。次からは頭の丸みに沿った縦スライスで進行する。

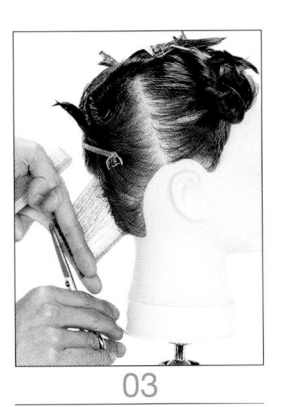

03
1stパネルのアングルが非常に重要。ネープ全体のLを決めると同時に、ミドルのガイドにもなるため。ここではオンベースでカット。

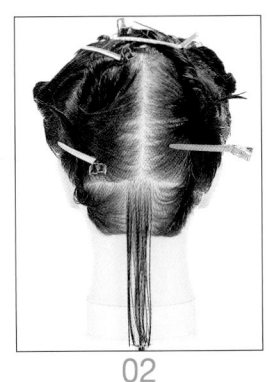

02
バックは3セクションでカット。耳後ろでイア・トゥ・イアに分け、ネープセンターからカットしていく。

01
ショートレイヤーはレングスが短いので、毛流れよりもシルエットが重視される。そのため、バックから切っていったほうが、初心者にはミスが少ない。

10
同様に、縦スライスでG気味になるようにカット。人間ならばこの角度は骨格に合わせて操作するが、ウイッグの場合はここをGに近づけないと、とてもフラットなフォルムになる。

09
ミドルセクションは8をガイドにG気味になるようにカットし、フォルムに少し丸みをもたせる。

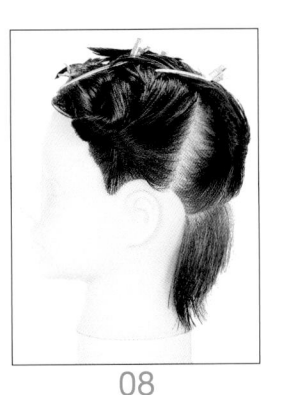

08
サイドから見たところ。セイムレイヤー状のLなので、ネープの厚みはかなり取れている。

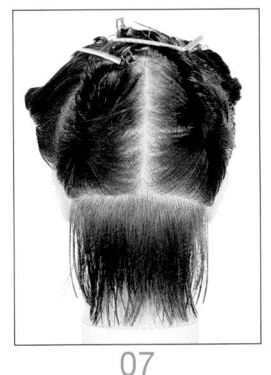

07
ネープの切り上がり。オンベースを保たずオーバーダイレクションをかけてしまうと、ミドルセクションになったときに耳後ろがとても重くなってしまうので注意する。

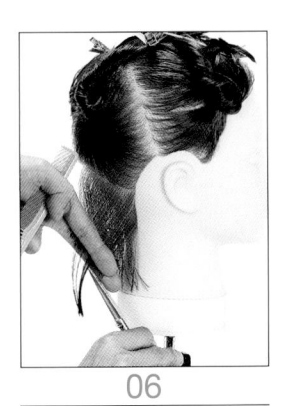

06
3rdパネル。同様にオンベースでカット。縦スライスは耳に近づくにつれてオーバーダイレクションをかけてしまいやすいので、角度が狂わないように注意する。

Challenge! >>>from 07

サイドに進むに連れて、後方にオーバーダイレクションをかけていったら？

>>> 耳に向かって長さが残り、最終的には耳後ろがかなり重いフォルムになる。

| Form Lesson **L** | Super Basic | Short Layer |

Challenge! >>>from 15
もっと深い角度だったらどうなる？
>>> 切り込みすぎると、ミドルのボリュームが目立ち過ぎて、ウエイトポイントを出現させてしまう。

15
オーバーセクションの1stパネルの角度も非常に重要。落ちる位置をきちんと計算して、浅すぎず、深すぎずの、適切な角度を設定すること。ここではオンベース。

14
ミドルセクションの切り終わり。

13
このパネルが、サイドのガイドラインになる。ここまで切り終わったらバック全体をチェックし、狂っている箇所があったら修正しておくこと。

12
このあたりから骨格の曲面が強くなるので、オーバーダイレクションをかけてしまいやすくなる。注意が必要。

11
同様にGに近い角度でカット。

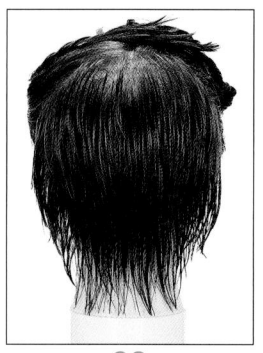

20
ウエイトポイントと呼べるものはないが、立体的なフォルムになっている。

19
バックのオーバーセクションの切り上がり。

18
最終パネルは、ほんの少しだけ後方にオーバーダイレクションをかける。この部分はオンベースのままだとフラットになり過ぎる危険があるため。

17
3rdパネルも同様にオンベースでカット。

16
次のパネルからは頭の丸みに沿った縦スライス＝放射状スライスで進んでいく。同様にオンベースでカット。

| Short Layer | Super Basic | Form Lesson **L** |

<<<<<<

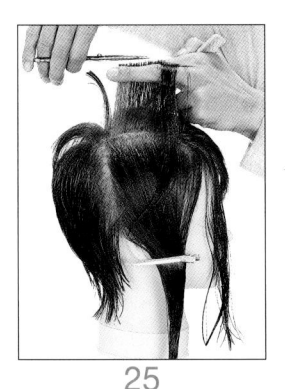

25
ここからは24のモヒカンガイドに引き寄せるオーバーダイレクションをかけていく。正中線の両脇に長さを残すことで、正中線上の骨格的なでっぱりをカバーする。

24
バングのガイドラインの切り上がり。L構造のスタイルは、ウエイトに対するバングの厚みのバランスを常に意識すること。

23
バングの最終パネルのみ角度を少し下げて、アウトラインが長くなり過ぎないようにする。ただしGになってしまうと、ウエイトに対するフロントの厚みとして、バランスが悪いので注意。

22
モヒカンガイドをオンベースでカット。セイムレイヤー状のLにする。

21
イア・トゥ・イアより前は、トップからカットしていく。サイドからでもいいが、フェイスラインを最後にしたほうが、似合わせをコントロールしやすい。

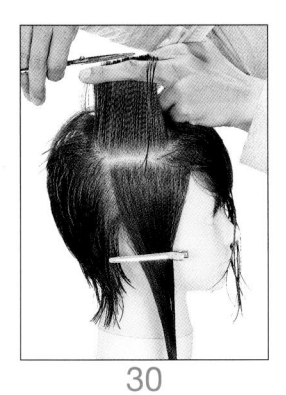

30
ハチあたりはバックサイドから切り直す毛になるが、長さが足りなくなることを防ぐため、オーバーダイレクションをかけながらカットする。ここは長さを残しておかないと、後から似合わせの操作がしにくい。

29
その下のセクションからはすべてガイドに合わせて、オーバーダイレクションをかけてカット。

28
同様にカット。この部分に長さを残すことで、後からの似合わせ調整が容易になる。

27
次のセクションも、同様にオーバーダイレクションをかけてカット。

26
バングの最終パネルは23の角度に引き出し、ここも正中線に引き寄せてカット。

034_ technique

| Form Lesson **L** | Super Basic | Short Layer |

Challenge! >>>from 34
もしオーバーダイレクションをかけたら？
>>>インターナルに重さがたまってフォルムは厚くなり、アウトラインは急激な前下がりになる。

35
リフトアップの角度を正面から見たところ。

34
このあたりのパネルはオーバーダイレクションがかかりやすい。しかしこの部分は似合わせを考えた上で、オーバーダイレクションの有無を決める。ここではオンベースでリフトアップしてカット。

33
ミドルセクションは、縦スライスで、オンベースに引き出したパネルをリフトアップしていく。ここの落とし方で、フェイスラインの似合わせを決める。

32
オーバーダイレクションをかけてカットしていったことで、トップのインターナルがスクエアになったことが分かる。

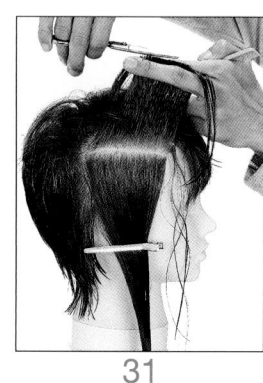

31
30と同様にカットしていく。

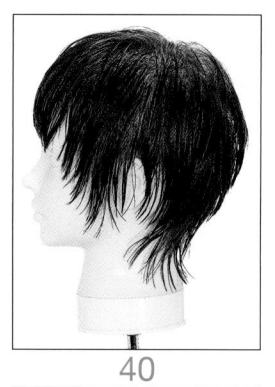

40
バックは頭の丸みに沿いつつ、メリハリのあるフォルムに。しかしウエイトポイントが出てしまっては失敗。

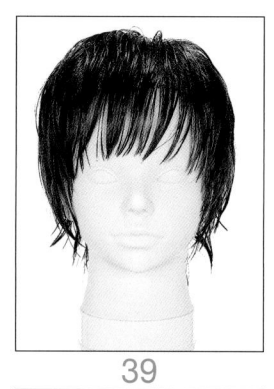

39
正面から見たときに、楕円形に近いフォルムがショートレイヤーの基本形。33〜37でコーナーを取り過ぎてしまうと、逆に正中線上がとがって見えてくるので注意。

38
切り上がり。

37
最終パネル。これによって32までの段階で残っていたハチ部分のコーナーがバランスよく取り去られ、骨格に沿いつつ、メリハリのあるフォルムになる。

36
最終セクション。この部分の落とし方は、必ず鏡を見て、似合わせをチェックした上で行うこと。

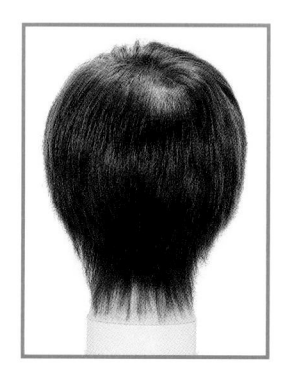

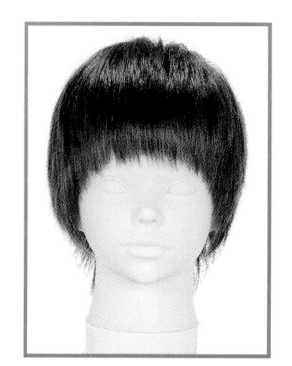

technique_035

Short Layer | Super Basic | Form Lesson **L**

Variation
同じ手順で違うスタイルを切ってみよう 01

プロトタイプに比べてフロントトップが重いスタイルです。ほとんどがLの構造なのですが、今度はGが顔周りにも使われています。テクニック的には、プロトよりも多くオーバーダイレクションが使われています。

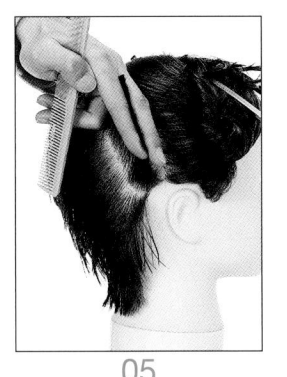

<<<<<<

05
サイドまでオンベースのままで進む。

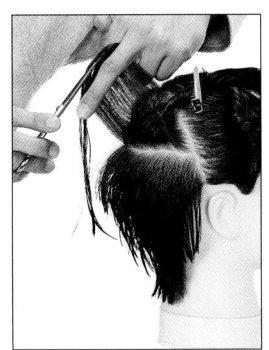

04
オーバーセクションは、バックにウエイトラインを出さないために、オンベースでカット。

03
ミドルセクションは、2をガイドにして引き出す。ここはフォルムに少し丸みをつけたいので、Gの角度にする。

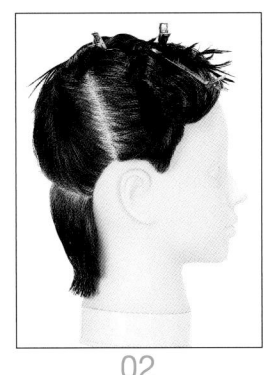

02
ネープセクションの切り上がり。これが次のミドルセクションのガイドになる。

01
第1セクションは、プロトより角度を下げて引き出しL状にカット、レングスもプロトより短くする。頭の丸みに沿った縦スライスで、耳後ろまで進む。

10
最後にクラウン部分にできたコーナーを削り、ここもL状にする。これでアンダーはL構成、オーバーセクションはほとんどG構成という構造になる。

09
その上のセクションは8をガイドに、オーバーダイレクションをかけてカット。重さをつくるためにG状にする。最後にトップにできたコーナーをL状で削る。

08
フロントトップに重さを残すために、プロトよりもさらにオーバーダイレクションをかける。

07
イア・トゥ・イアより前はプロトではトップから繋げたが、こちらはオーバーに長さを残したいので、サイドからオンベースで、後方にオーバーダイレクションをかけてカット。

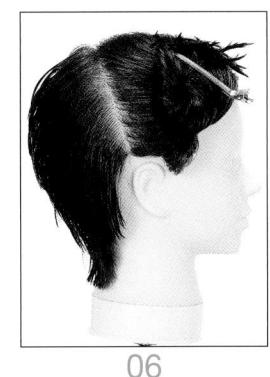

06
バックセクションの切り上がり。ここまではプロトタイプとそう大きくは変わらない。

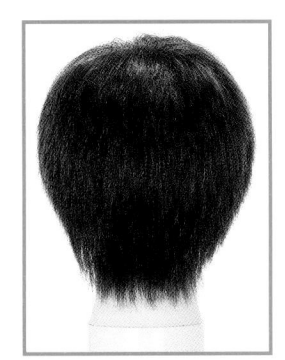

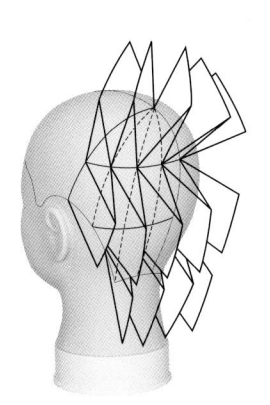

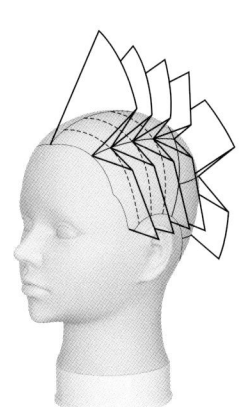

036_technique

| Form Lesson L | Super Basic | Short Layer |

Short Layer

Variation_01

technique_037

Short Layer | Super Basic | Form Lesson **L**

同じ手順で違うスタイルを切ってみよう 02

Variation

フロントにバイアスのテクニックを使うことで切り口が斜めになり、さらに動きがついてくるスタイルです。リフトアップだけでなくオーバーダイレクションもふんだんに使うので、テクニック的にはより高度になります。

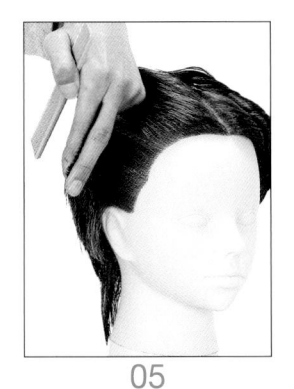

<<<<<<

05
バリエーション1と同様に、サイドもオンベースで引き出し、耳上あたりから後方にオーバーダイレクションを少しかけてカット。フロントより長さを残す。

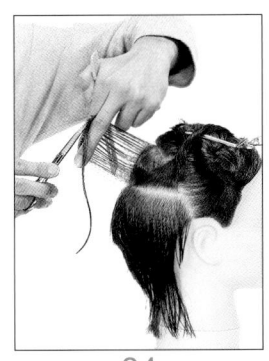

04
オーバーセクションは3をガイドにオンベースで引き出し、Lを入れる。

03
ネープのLの段差はプロトよりも幅広い。その上のミドルセクションは1～2の延長上で引き出してカット。Gが入る。

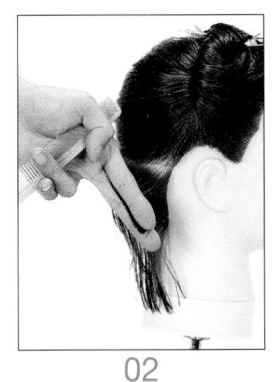

02
次からはオンベースで引き出し、1をガイドにイア・トゥ・イアまで進む。みつえりまでは長さを残すため、前方にオーバーダイレクションをかけるが、サイドのガイドにしたい耳後ろは、短くしたいのでかけない。

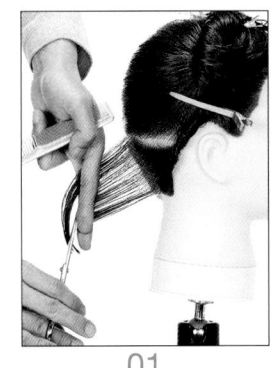

01
フロントを長くするので、バランスを考えて、ネープはかなり段差の広いLにする。バックセンターから引き出し、Lのアングルでカット。

10
この後、バリエーション1の10と同様にクラウンのコーナーを削る。その後、長さを残したいフロントのみ、後方に大きくオーバーダイレクションをかけて、バイアスのカットラインでカット。

09
ただし、フロントに向かうに連れてリフトダウン。長さをキープしつつ、フォルムを縦長にする。

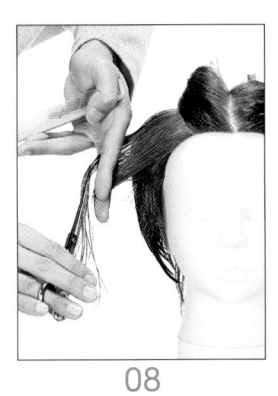

08
オーバーセクションをL状にカット。これをガイドにトップをリフトアップしてカットする。

07
そこでオーバーセクション際のパネルをガイドとして、横スライスで引き出す。

06
フロントから耳前にかけて長さが残っている。オーバーセクションと繋げるには新しいガイドを設定する必要がある。

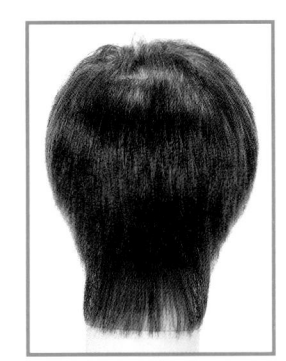

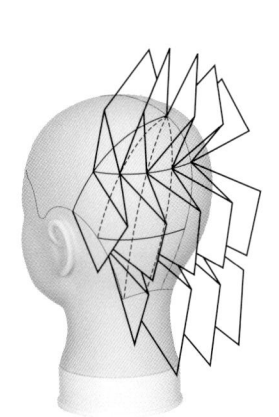

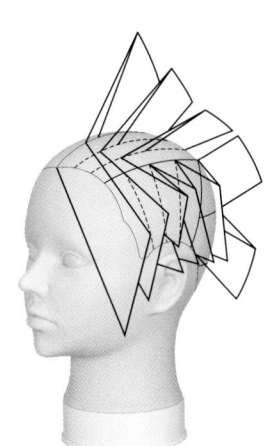

| Form Lesson L | Super Basic | Short Layer |

Short Layer

Variation_02

technique_039

Short Layer | Super Basic | Form Lesson **L**

Variation
同じ手順で違うスタイルを切ってみよう 03

フロントが非常に短く、えり足が長いスタイル。この2か所のレングスに対して、トップの長さを設定します。イア・トゥ・イアより前はセイムレイヤーに近く、バックのアンダーセクションは急角度のLが入っています。

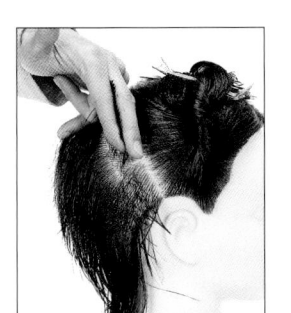

<<<<<<

05
このようにセイムレイヤー状のLが入っている。

04
バックにウエイトラインをつくらないために、オーバーセクションはやはりリフトアップしてLを入れる。

03
オンベースで切られたこの部分が、サイドに繋がってくる。

02
ミドルセクションは1をガイドに、オンベースで引き出してカット。

01
ネープのレングスがそのまま残るように、Lの角度をかなり深く設定。みつえりまでは後方にオーバーダイレクションをかけるが、耳後ろだけはリフトアップして重さを取る。

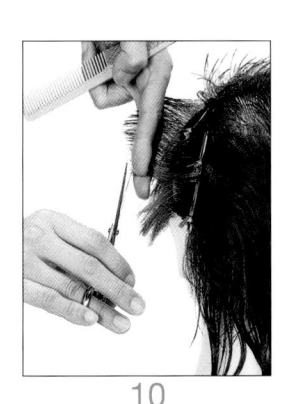

10
スクエア状にカットしたためにできたコーナーを落として、全体のフォルムを整える。

09
サイドを縦に近い斜めセクションで取り、セイムレイヤー状にカット。

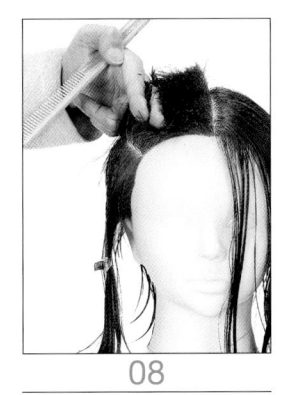

08
これをガイドに、正中線側へのオーバーダイレクションをかけながら、縦スライスでサイドを繋いでいく。これもプロトと同様。トップ全体がスクエアにカットされる。

07
このスタイルは、顔周りをセイムレイヤー状にカットするため、プロトと同様にモヒカンガイドから決めていく。モヒカン部分をすべてオンベースでカット。

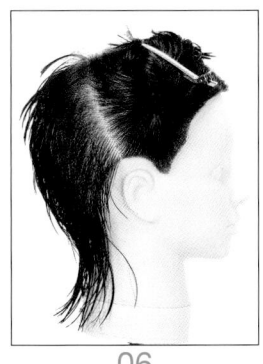

06
バックセクションの切り上がり。急角度のLでカットされているので、ネープの長さは残しつつ、重さの取れたフォルムになっている。

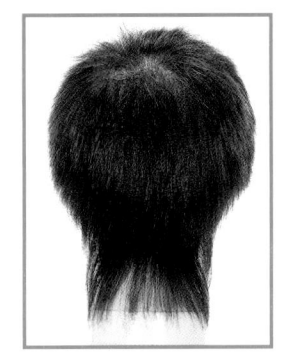

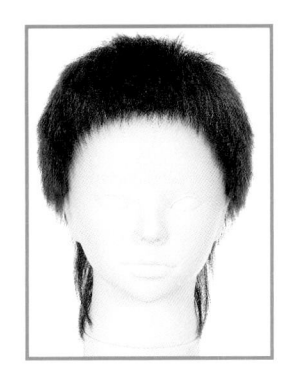

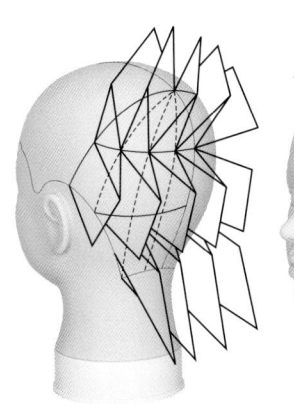

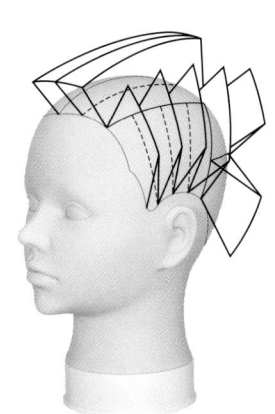

040_technique

| Form Lesson **L** | Super Basic | Short Layer |

Short Layer

Variation_03

technique _041

Short Layer | Super Basic | Form Lesson L

:: Check! ::

失敗?やり直し!?の前に
ここをチェックしてみよう

Prototype

バックに長さが
残りすぎている！

>>> 1

ハチ周辺が重過ぎて、
頭が四角くなった…

>>> 2

フロントサイドがなぜか
前下がりになってしまった！

>>> 3

1 イア・トゥ・イアに近づくにつれて、オーバーダイレクションをかけてしまっていないか？

バックセンターから縦スライスでイア・トゥ・イアに向かうカットは、骨格のカーブ上、どうしても後方へのオーバーダイレクションをかけてしまいやすい。そうなった場合、アンダーセクションの段階で修正せずにミドルに進むと、結果的に耳後ろに重さがたまってしまうことになる。

オンベースで引き出している例。この場合はこれが正解。

耳後ろに長さが残ってしまった。

耳後ろに向かって進むに連れて、後方にオーバーダイレクションをかけ過ぎてしまっている。

042_technique

Form Lesson L　　Super Basic　　Short Layer

2　モヒカンガイドに向けて、オーバーダイレクションをかけ過ぎていないか？

トップをすべてオンベースでカットして、本当のセイムレイヤー状にしてしまうと、日本人の場合、頭が大きく見えやすい。正中線上の骨格的なでっぱりが目立ってしまう。そこでモヒカンガイドに向けてオーバーダイレクションをかけて、周辺の長さを残すようにするのだが、このときオーバーダイレクションをかけ過ぎると重さが残りすぎて、正面から見たときに四角い印象のフォルムになってしまう。

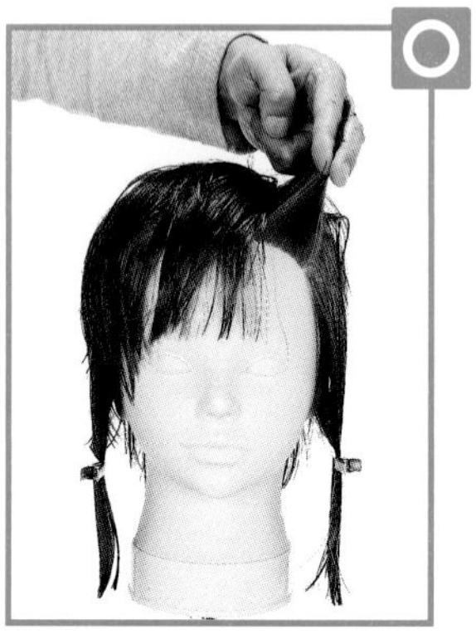

正しい角度。オンベースで引き出し、小さいオーバーダイレクションをかけている。

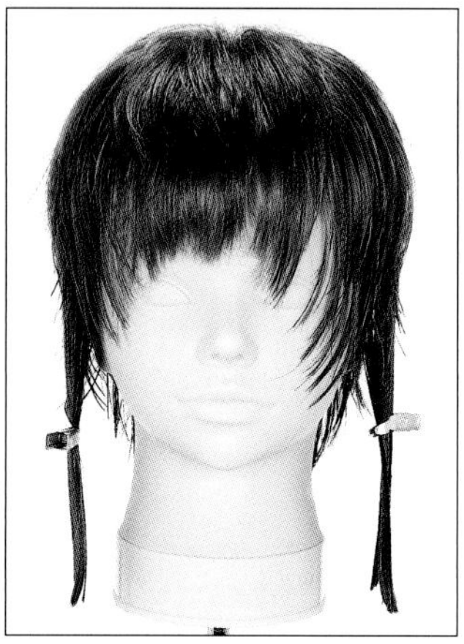

ハチ周辺に重さが残り、四角い印象のフォルムになってしまう。

モヒカンガイドに向かって、オーバーダイレクションをかけ過ぎている。

3　フロントに向けてオーバーダイレクションをかけ過ぎていないか？

フロントサイドに長さと重さが残り過ぎて、ボブっぽい印象に。

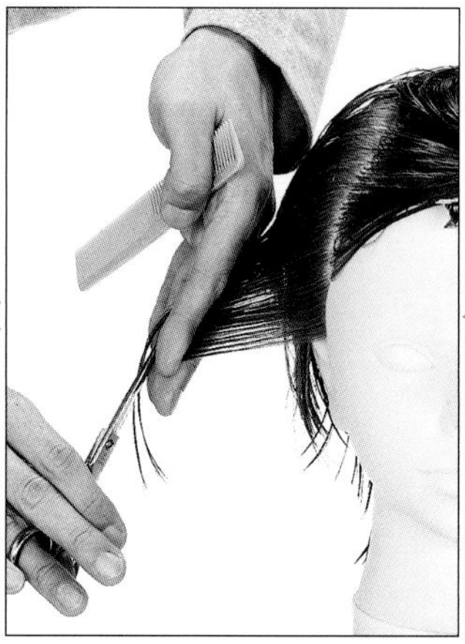

オーバーダイレクションをかけ過ぎているため、フロントにどんどん重さが残っていってしまう。

前下がりの印象にするため、イア・トゥ・イアからフロントにかけてはオーバーダイレクションをかけていく。しかしこのときもオーバーダイレクションをかけ過ぎてしまうと、長さが残り過ぎて、ショートレイヤーではなくショートボブの印象になってしまう。

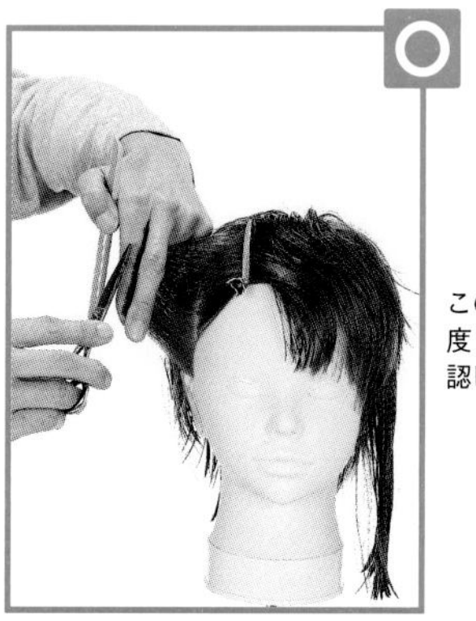

この場合の正しい角度。必ず鏡越しに確認してから進むこと。

Square Layer | Super Basic | **Form Lesson L**

Square Layer

03 | スクエアレイヤー

スクエアレイヤーってどんな特徴をもったスタイル?

スクエアレイヤーとは、インターナルがスクエア状に切られているスタイルを指します。正面、サイド、バックとパネルを引き出してみると分かるのですが、ほとんどどこから引き出しても横水平(=スクエア)状のパネルで構成されています。その結果、ウエイトは非常に見えづらくなり、縦長のシルエットになりやすいという特徴があります。しかし頭の横幅が広く奥行きが足りない日本人の骨格に、縦長のフォルムをつくりやすいということは大きなメリットです。今のニーズに適しているため、サロンワークでよく使うテクニックの一つだと思います。このスタイルも顔周りからLのガイドをつくっていきますが、スクエアレイヤーのフォルムの場合、バングの長さがバックの一番丸みのある部分とほぼ同位置にあると、バランスがとりやすいことを覚えておきましょう。またパネルの構成上、バックにもフロントにも毛流れをつくりやすいことが、特徴の一つです。そのため、ロングレイヤーよりもカジュアルな雰囲気になり、幅広い年代に使えるテクニックとなります。

なぜこのスタイルをレッスンするのか?

スクエアレイヤーは、原理的には『フォルムレッスンG』の「レイヤーボブ」の応用編にあたります。ロングレイヤーは重心が前にあり、バックから前下がりに切っていきましたが、スクエアレイヤーでは前でガイドを作った後に、バックから切って行きます。つまり顔周りの似合わせを決めてから、それに合わせたバックとサイドを設定していくわけです。そのためオーバーダイレクションを多用するのですが、このオーバーダイレクションは全パネルに均等にかけていくわけではありません。常に今切っているパネルが次のガイドになることを意識し、リフティングとオーバーダイレクションのかけ方を細かく操作していく必要があるのです。実はスクエアレイヤーというのは、レイヤーボブが得意な人ほど、Gをたくさん練習した人ほど失敗しやすい、「引っかけ問題」のようなスタイル。オーバーダイレクションとリフティングのコントロール不足で、すぐにグラボブに近づいてしまうからです。ですからこれを最後のテーマにもってきました。このスクエアレイヤーをレッスンすることで、自分の中に知らずについてしまった「手クセ」のようなものが発見できると思います。それをここでリセットしましょう。

| Form Lesson L | Super Basic | Square Layer |

Proto_type

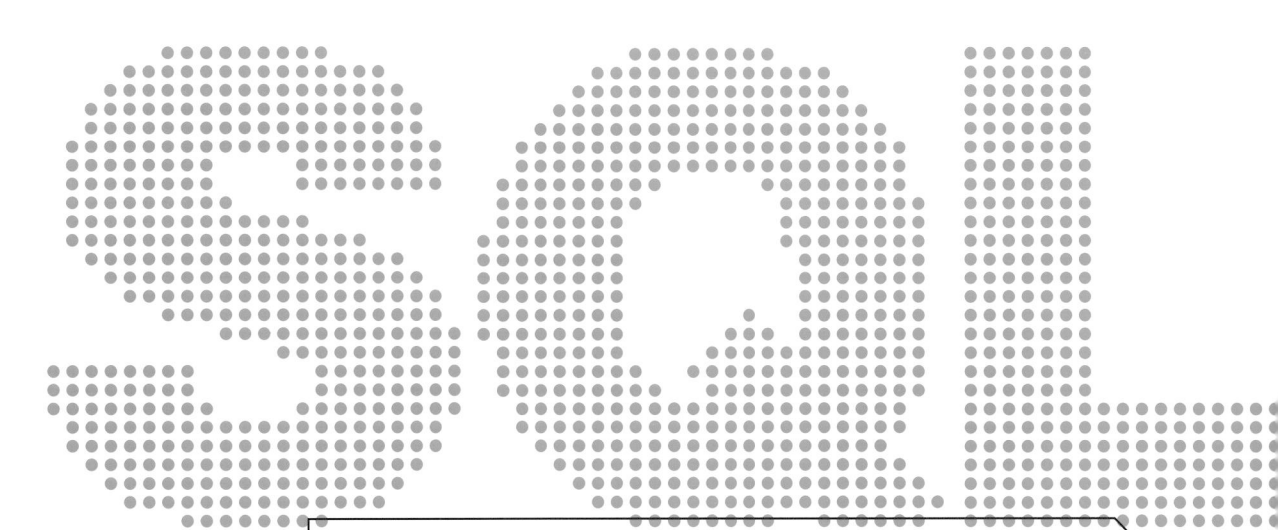

Square Layer　　Super Basic　　Form Lesson **L**

SQL

このスクエアレイヤーを分析しよう

まず横から見た、ウエイトの位置から見てみましょう。高い位置にあり、あまり丸みを感じませんね？　サイドからバックにかけては、アンダーセクションのレイヤーの付き方が水平気味のラインに見えます。そしてフェイスラインのスタートの長さと、ウエイト位置がほぼ同じ高さ。そのため長さがあるわりには、肌の見える面積が耳後ろまで広がっているのです。今度は正面から見てみると、かなりフラットでスクエアなフォルムに感じます。ということは、ハチ上がタイトになっているということですね。ハチ上がG構造では、このようなフォルムにはならないはずです。バックから見てもなんとなく四角い印象で、ウエイトラインらしきものが水平についています。これらはすべてスクエアレイヤーの特徴です。つまり**全体がスクエア状のパネルで構成されていることが、形から判断できると思います。**

Form Lesson L | Super Basic

□ Square Layer

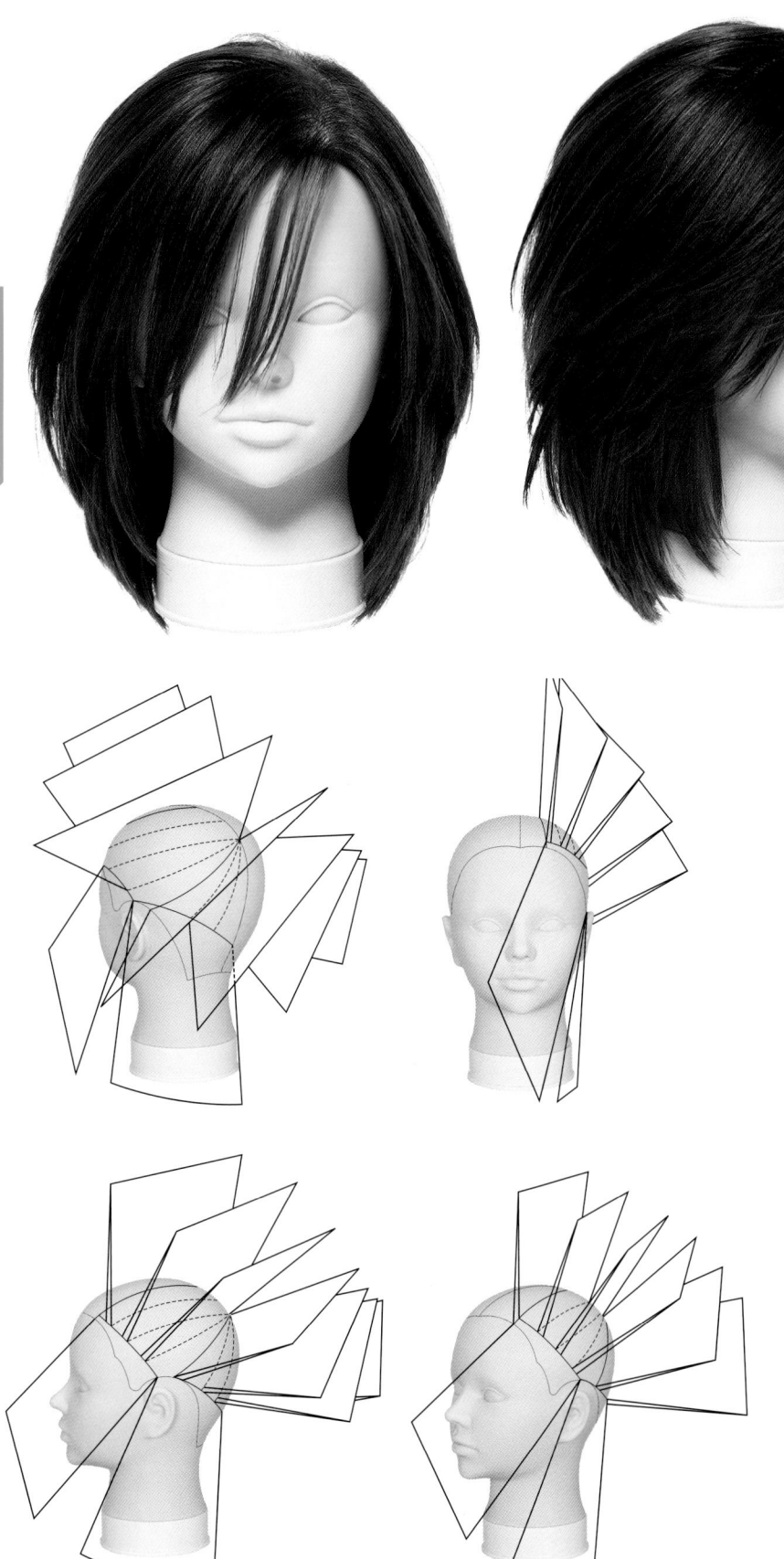

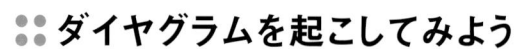

∷ ダイヤグラムを起こしてみよう

まず最初に考えるのは、サイドの毛がバックに向かって流れているので、フロントから前方へのオーバーダイレクションをかけていけばいいのではないか、ということではないでしょうか？ しかしここで問題になるのが、サイドからバックにかけてのレイヤーが水平ラインで入っている、ということですね。そしてウエイトの位置がけっこう高い。このような形をすべて前から切っていくのは、かなり難易度の高いテクニックとなります。そこでフロント〜サイドは前から、バックは後ろから切っていくのが合理的だと考えられます。すると今度は、前方からのカットと後方からのカットがぶつかり合う耳後ろに、大きなコーナーが残るはずですよね？ このスタイルを見ても、そういったコーナーはありません。しかし厚みはちゃんと残っています。ということは、この部分はかなり大きなオーバーダイレクションがかかっていて、スクエアに切られているのではないかと想像できます。正面から見たときのフラットな印象も、スクエアで切られていることを裏付けています。トップがG構成になっていると、ハチ上に丸みが出て、このようにタイトなシルエットになりません。このスタイルは、前後から切って行きますが、フラットなフォルムにすることが大命題です。そのため、フロントは縦に近い斜めスライスでスタートして、後ろに行くにしたがって縦スライスに移行し、バックは縦スライスで始まって、前に行くにしたがって横スライス気味に移行する、という操作が必要になります。スライスのこの変化に伴って、リフティングとオーバーダイレクションをコントロールしていきます。

Square Layer | Super Basic | Form Lesson **L**

PROTOTYPE
スクエアレイヤーの基本テクニック

フラットで縦長のフォルムを持っているので、今のニーズに一番フィットしたレイヤースタイルのベースです。フロントで似合わせのLを決めた後、そこに合わせてバックからのフォルムをつくっていきます。

<<<<<<

05
第1セクションの切り上がり。アウトラインはセクションラインとほぼ平行になっていることが分かる。

04
第1セクションの最終パネル。同様に平行にカット。

03
2ndパネル。同様にフロントに向かって、スライスに平行にカット。

02
この第1セクションのLが、顔周りを決定するので慎重に。ここでは唇より下から、バックにかけて水平のLが入るように設定。Gになりやすい場所なので注意。

01
Beforeの状態は、水平のワンレングス。フロントから切っていく。フラットなフォルムにするため、まずは耳後ろで、縦に近い斜めセクションを取る。

10
イア・トゥ・イアまでの切り上がり。オーバーダイレクションが大きくかかっているため、イア・トゥ・イアに向けてかなり長さが残っている。

09
最終パネル。オーバーセクションになるにしたがってリフトアップしているが、オーバーダイレクションの大きさは、一つ下のセクションとほぼ一緒。

08
耳上では完全に縦スライスでセクションを取る。ただしここではスライスに平行ではなく、6のガイドに合わせてカット。ここは長さを残し、後から調整する。

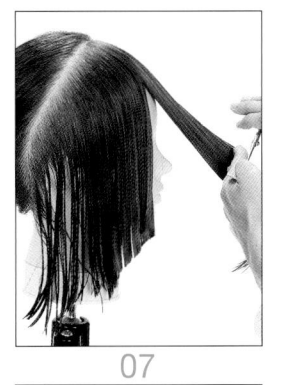

07
オーバーセクションに進むに連れてリフトアップし、Lを入れる。これは最終パネル。

06
次のセクションは耳後ろまで取り、5をガイドに前方へのオーバーダイレクションをかけていく。

Challenge! >>>from 08

ここもスライスに平行で切ったらどうなる？
> > > 耳前の厚みがなくなり、バックとの繋ぎが難しくなる。ペラペラになってしまう恐れもある。

048_technique

| Form Lesson **L** | Super Basic | Square Layer |

Challenge! >>>from 12
ヘビーサイドと同様に切ったらどうなる？
>>> サイドの厚みが残り過ぎて、アウトラインが厚く、アシンメトリーになってしまう。

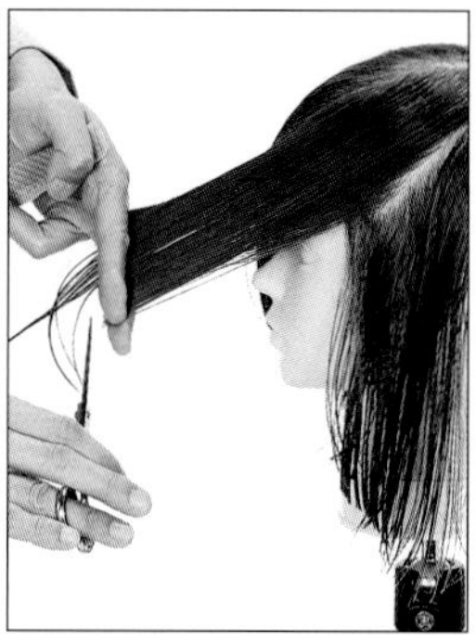

15
そこから先は、6〜10と同様に徐々に縦スライスに移行させながら、オーバーダイレクションをかけ、リフトアップさせて進んでいく。

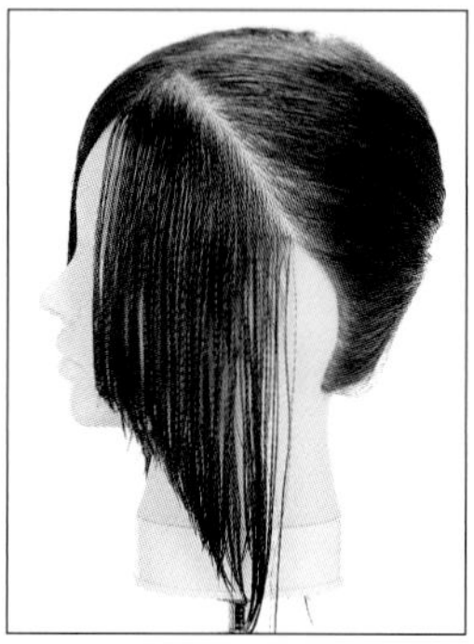

14
ライトサイドの第1セクションの切り上がり。5と比べて、ほぼシンメトリーになっていることを確認する。

13
そのままオーバーセクションまで進む。

12
カットラインに注目。特にライトサイドのこめかみあたりはヘビーサイドより2〜3センチ切り込み、ハイレイヤーになるようにする。これで左右がシンメトリーになる。

11
次は逆サイドをカット。サイドパートなので、左サイドはこのようなセクションラインになる。

20
次からは放射状セクションで少しオーバーダイレクションをかけてカット。頭は丸いので縦スライスのまま進むと上が重くなる。横になるにしたがい後方へのオーバーダイレクションを大きくかける。

19
第1セクションの切り上がり。結果的にセイムレイヤーに近いLになった。バックの一番短い部分が、バング（16参照）と水平のラインで繋がることに注目。これをガイドとする。

18
もっともバランスをとりやすい長さとして、バングの一番短い部分とウエイトの位置が合うように設定する。この1stパネルがとても重要なので、慎重にカットすること。

17
次はバックセクションに移る。イア・トゥ・イアで分け、バックセンターからスタート。

16
ライトサイドの切り上がり。この段階で10と比較して、狂いがあれば修正しておくこと。

Challenge! >>>from 18
もっとリフトアップしたLでカットしたら？
>>> 上部が薄くなり過ぎて、アウトラインがもたついてしまう。

| Square Layer | Super Basic | Form Lesson **L** |

Challenge! >>>from 21
もしこのあたりをGでカットしたらどうなる？
>>> アウトラインがペラペラになってしまう。

<<<<<<

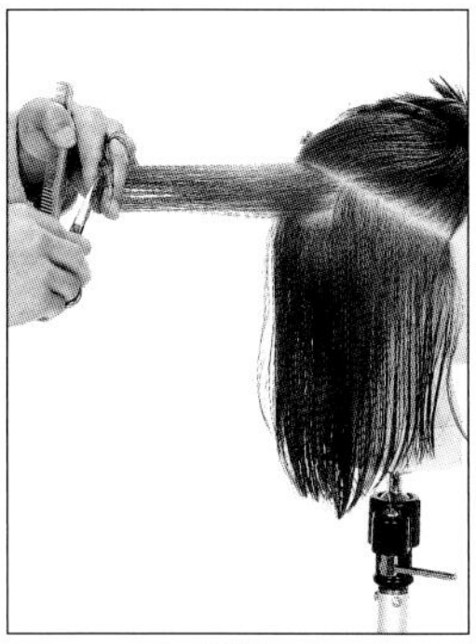

25
横スライスに近くなればなるほど、リフトアップして進む。

24
耳後ろ付近は重さが残り過ぎないように、徐々にオーバーダイレクションを小さくしていく。

23
上のセクションは横スライス気味に移行していくが、それに伴ってリフトアップしていく。オーバーダイレクションも大きくかけることで、スクエア状のパネルになる。

22
ただしイア・トゥ・イアに近づくに連れて、今度は逆にオーバーダイレクションをかけ過ぎてしまいがちなので注意すること。かけ過ぎるとサイドのつなぎ目が重くなる。

21
次のセクションはリフトアップ。インターナルはL状になる。このあたりはレイヤーボブのバックの切り方に近いが、レイヤーボブよりもオーバーダイレクションをかなりかけている。

30
すでにカットしてあるフロントのインターナルに繋げる。

29
インターナルをスクエア状のLにするため、ここからはほんの少しずつリフトダウン。

28
その上のセクションは、リフトアップされているが、オーバーダイレクションはほとんどかかっていない。

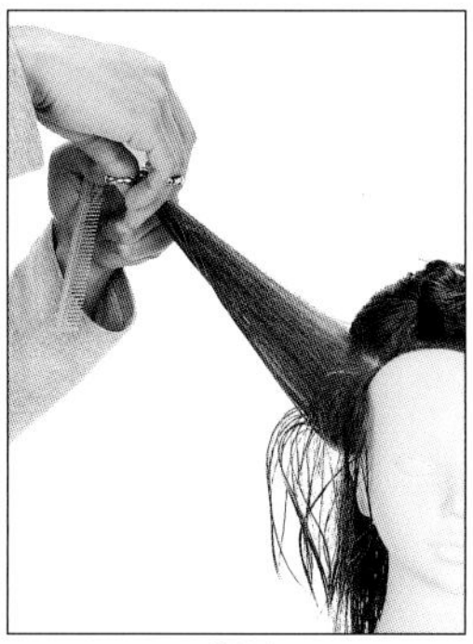

27
ただしオーバーダイレクションはサイドに向かうに連れて小さくなる。ここからトップまでは、リフトアップの角度を正面から見ていく。これは26のセクションの最終パネル。

26
インターナルをL状にするためにリフトアップを大きくする。オーバーダイレクションもかける。

| Form Lesson **L** | Super Basic | Square Layer |

Challenge! >>>from 32
もしここでリフトアップしなかったら？
>>>トップはGになって重くなる。フロントはトップの重さに負けて、流れにくくなる。

35 インターナルを横から見たところ。バングはGになっているので、バックに流れやすくなっている。

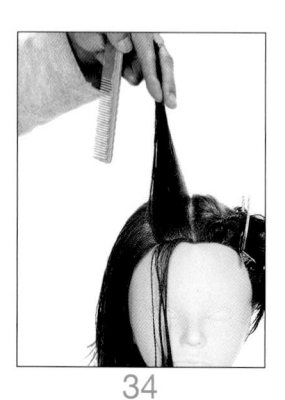

34 フロントもオンベースまで上げる。

33 最終セクションではほぼオンベースにまでリフトアップ。これでトップもスクエア状になった。

32 トップのインターナルをスクエア状にするため、ここからは急激にリフトアップ。すでにカットしてあるフロントに繋げていく。

31 ややリフトダウンさせて、オーバーダイレクションは少しだけかける。こうすることで、インターナルがスクエア状になる。

40 切り上がりの正面。左右の量感、ウエイトの位置がシンメトリーになっているかどうかを確認すること。

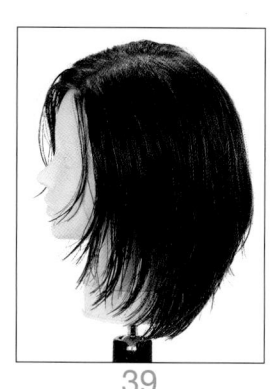

39 左サイドの切り上がり。フロントの長さと、バックのウエイト位置がほぼ水平ライン上に位置している。

38 引き出してみると、このようにパネルがスクエア状になっていることが分かる。

37 逆サイドも同様にカットしていく。

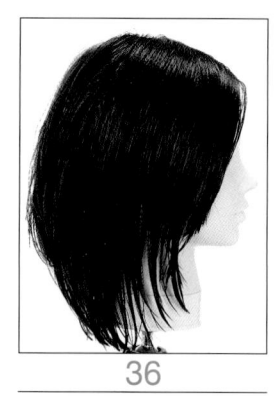

36 ヘビーサイドの切り上がり。

Square Layer | Super Basic | Form Lesson **L**

01 同じ手順で違うスタイルを切ってみよう

Variation

プロトよりもさらにGに近いLで構成されています。バックが重く、ネープはG寄りになってくびれが出ています。しかしオーバーセクションはLなので、ウエイトラインははっきりしません。プロトよりもずっと切り込んでいくスタイルです。

<<<<<<

05
バックは縦スライスでバックセンターから引き出すが、クラウンのあたりからすでにG寄りの角度でカット。

04
3をガイドに、イア・トゥ・イアまで切り進む。手順はプロトタイプと同様。

03
第1セクションの切り上がり。かなりのハイレイヤーになる。ここまで急角度だと、大きく動くことが予想される。

02
1の延長でオーバーセクションまでカット。

01
第1セクションを耳上で取る。その結果、プロトよりもハイレイヤーのLに設定される。

10
フロントトップはオーバーダイレクションをかけながらリフトダウンしたが、フロント側はリフトアップしないとバックの形が曖昧になるだけでなく、フロント側に重さが残り過ぎる。

09
そのままリフトアップを続け、バックのフォルムをつくる。バックセクションの最終では、ここまでリフトアップする。

08
次のパネルからは放射状セクションで進んでいくが、ここからはリフトアップ、角度をLに切り替える。左手の位置が5より上になっていることに注目。

07
第1セクションの切り上がり。GからL状にカットされたパネルになっている。しかしこのまま切り進むと、ウエイトラインが出てしまうので、次のセクションからはリフトアップする。

06
ネープはさらに深く切り込むが、セイムレイヤー状のLの角度でカットしていく。

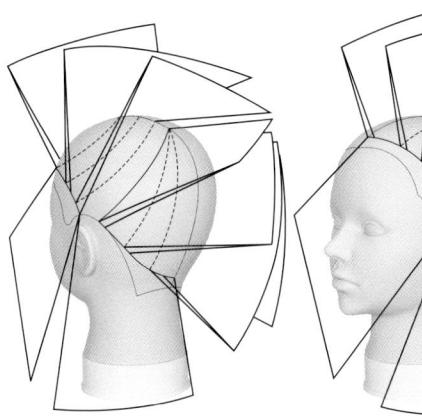

052_technique

| Form Lesson **L** | Super Basic | Square Layer |

Variation_01

Square Layer | Super Basic | Form Lesson L

同じ手順で違うスタイルを切ってみよう 02

Variation

バリエーション2よりもウエイトがはっきりし、マッシュウルフの原型といえるスタイルです。中心部のGを保ちながら、その周りはなるべくリフトアップしてLにすることがポイント。Gの周りをLで囲むことによって、立体感を強調します。

<<<<<<

05
4をガイドにリフトアップとオーバーダイレクションで切り進んでいく。クラウン付近はオーバーダイレクションをかけて重さをキープ。アウトライン側に向かうに連れてリフトアップする。

04
最終パネルではセイムレイヤー状のL。Gに転換するギリギリの角度にする。アウトラインがなるべく薄くなるように、切り込んでいく。これが第1セクションの切り上がり。

03
バックの第1セクション。指の角度に注目。指の付け根側はG、指先側はLになる角度でカット。クラウン付近はこのアングルでカットすると頭の丸みに対して自然にワンパネルのなかにGとLが入る。

02
Lの入る幅が広くなるため、肌の見える面積が広くなる。この延長で、セクションラインまでをカット。

01
第1セクションはネープまで深く取り、耳後ろの毛をガイドにカットしていく。このセクションの取り方の違いで、すでにバリエーション1とはLの角度が違ってくる。

10
トップはオンベースにまでリフトアップ。スクエア状に落として、ハチ上あたりをタイトに締める。バックのウエイト感も強調される。

09
フォルムの丸みをこわさないために、ここからは再びリフトダウンに転じていく。

08
フロントに行くにしたがってじょじょにリフトアップしていき、すでにカットしてあるフロントのインターナルに繋げる。

07
しかしウエイトを構成するこのあたりはリフトダウン。

06
クラウン側のセクションに移る。プロトと同様にリフトアップで進む。

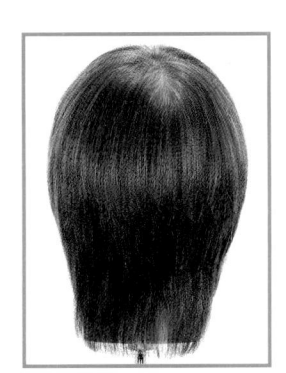

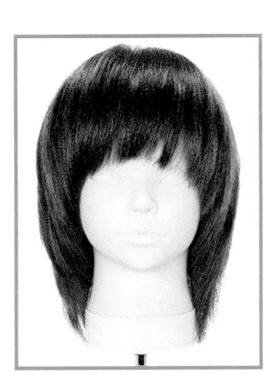

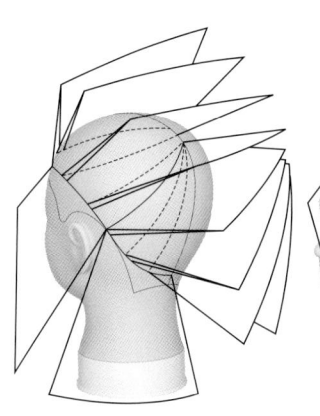

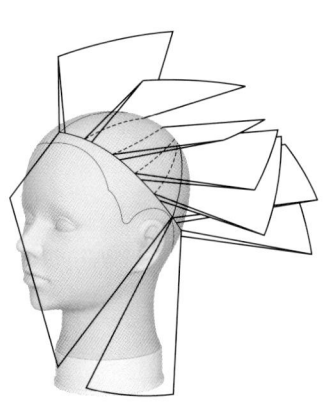

| Form Lesson **L** | Super Basic | Square Layer |

Square Layer

Variation_02

Square Layer | Super Basic | Form Lesson **L**

Variation
同じ手順で違うスタイルを切ってみよう 03

とてもフラットなフォルムで、オーソドックスというよりモード系の印象が強くなります。インターナルがかなりのハイレイヤーで構成されているため、アウトラインギリギリまでLを入れていくことになります。

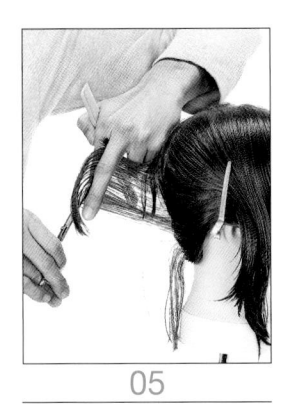

<<<<<<

05 ネープも、オンベースよりリフトアップしてL状にカット。

04 バックに移る。1stパネルよりさらにリフトアップして、完全にハイレイヤー状のカットラインにする。

03 2をガイドに、フロント側をカットしていく。手順はプロトと同様。

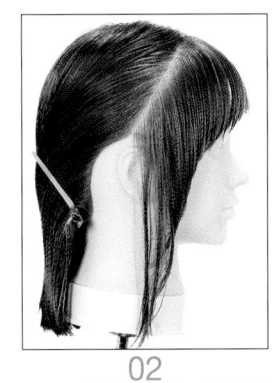

02 第1セクションの切り上がり。かなりのハイレイヤー状になり、顔の出てくる面積が幅広くなる。

01 第1セクションは耳上で取るため、縦に近い斜めセクションになる。カットラインはスライスに平行ではなく、ハイレイヤーの切り口でカット。顔周りをどのように出すかで、この角度を決める。

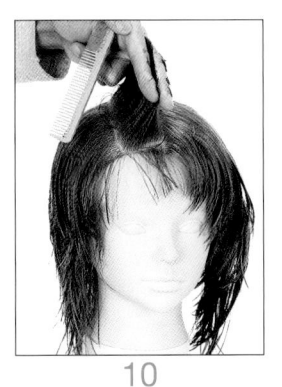

10 フロントもオンベースに引き出してカット。顔周りがかなりフラットになる。

09 バックもリフトアップで、全体をフラットなL構成に持っていく。トップはオンベースに近いくらいまでリフトアップ。

08 丸さ＝ウエイト感を残したい部分のみ、大きくオーバーダイレクションをかけて、G気味にする。かけ幅は、つくりたいフォルムをよく考えて設定すること。

07 次のセクションからは、放射状スライスで進む。ここもリフトアップ。フラットなフォルムをつくりたいので、オーバーダイレクションのかけ方は小さい。

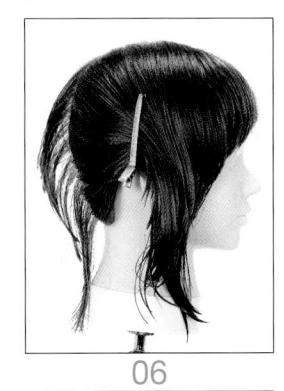

06 第1セクションの切り上がり。ハイレイヤー状のパネル構成で、非常にフラットなL状になっている。これがガイドになる。

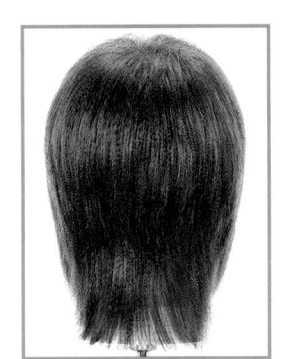

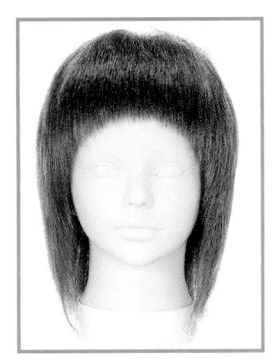

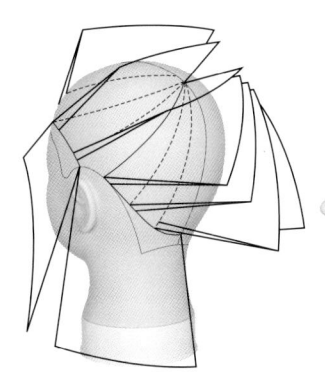

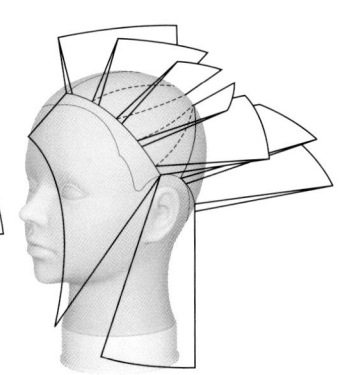

056_ technique

| Form Lesson **L** | Super Basic | Square Layer |

Square Layer

Variation_03

technique_057

Square Layer | Super Basic | Form Lesson L

:: Check! ::

失敗?やり直し!?の前に
ここをチェックしてみよう

Prototype

アウトラインに穴が空いてしまった
>>> 1

耳周辺がとても重くなってしまった
>>> 2

シンメトリーに切ったはずのフロント が、なぜアシンメトリーに?
>>> 3

1 リフトダウンして、Gになっていないか?

オーバーダイレクションのかけ過ぎと同じくらい失敗が多いのが、角度を下げてGにしてしまうミス。Gになると、アウトラインに穴が空いてしまうので注意。スクエアレイヤーは後方へのオーバーダイレクションがかかっているので、この部分をリフトアップして、穴が空くのを防止する。

正しい角度。横スライスになるほどリフトアップする。

リフトダウンしてしまった例。

| Form Lesson L | Super Basic | Square Layer |

2 サイドに進むに連れて、後方にオーバーダイレクションをかけ過ぎていないか？

ショートレイヤーと同様、みつえり付近から耳後ろにかけては、骨格的にどうしても後方へのオーバーダイレクションをかけてしまいやすい。しかし、前からと後ろから切っていくスクエアレイヤーでは、耳上部分にかなりの重さがたまってしまう結果となる。あくまでもスクエアを意識してカットすること。

右利きの人の場合、左サイドはさらにこのミスが起こりやすいので注意が必要。

耳後ろに向かうに連れて、オーバーダイレクションをかけ過ぎてしまっている。

この場合は、これが正しいオーバーダイレクションのかけ方。

3 フロントはアシンメトリーに切ることで、シンメトリーになる。

サイドパートのスタイルの場合、ライトサイドをヘビーサイドと同じ角度のLで切ってしまうと、とても重くなってしまう。Lの入る幅がヘビーサイドよりもずっと狭いライトサイドは、もっと急角度のL＝ハイレイヤーでカットしていく必要がある。

インターナル。ハイレイヤー状になっている。

このようなラインになる。

ヘビーサイドよりもさらにハイレイヤー状にカット。

ヘビーサイド

Parts　　Super Basic　　Form Lesson L

:: Technique Point 01 ::
ファーストパネルの重要性

ここまでの3テーマのレッスンでは、一般的にL構成のスタイルは顔周りから切り始めることがスタンダードであると述べました。基本的にカットは、一番決めたい部分や、注意が必要な部分からスタートしていきます。ですから、ウエイトをきっちり作りあげたいG構成のスタイルではバックから切り始めるのがスタンダードですし、毛の厚みの設定で顔周りの見せ方を決めたいL構成はフロントからがスタンダード。その代わり、フロントで設定したLに合わせて、ウエイト感やサイドの厚みを作っていくことになります。ですから第1セクションが非常に重要であり、それも1stパネルの設定ですべてが決まってしまうわけです。ここではその第1セクションの1stパネルの違いが、最終的な仕上がりをどう変えるのかを、もう一度比較検討してみましょう。

頭の丸みを作りたいショートレイヤーは、バックからスタート。しかし正面から見た厚みを計算してウエイト感を作るので、初めからフロントのイメージもできていなければならない。プロトに対して、バリエーション1はレングス設定が短く、角度も下がっている。2はリフトアップとオーバーダイレクションが大きくかかっている。3は2よりさらにリフトアップされ、オーバーダイレクションも大きくかかっている。

Long Layer
ロングレイヤー

プロトタイプに比べるとバリエーション1は、Lを入れるフロントセクションの幅は同じだが、Lのアングルそのものを変えてカットしている。2の第1セクションは1とほぼ同じ。しかし第2セクションからはオーバーダイレクションが大きくかかっている。3はフロントセクションの幅をネープまで取っている。

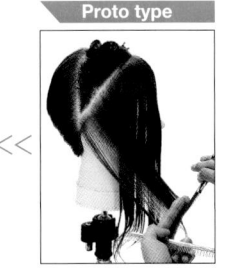

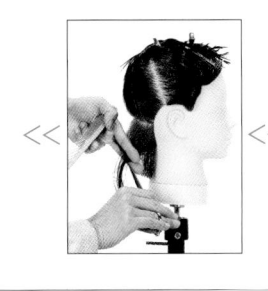

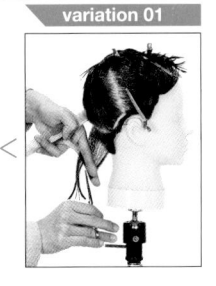

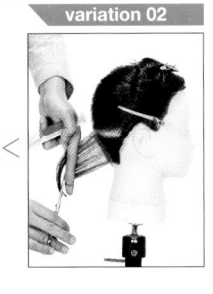

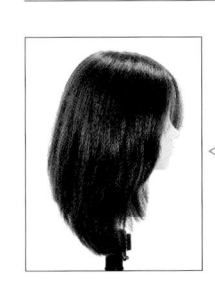

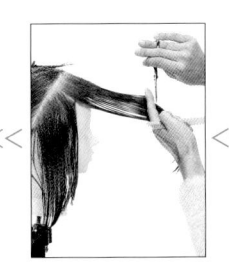

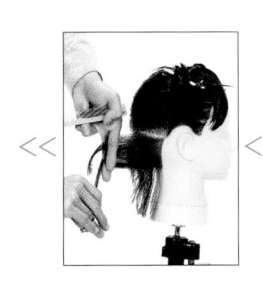

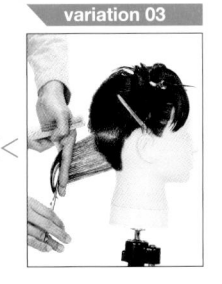

Proto type

variation 01

variation 02

variation 03

Form Lesson L | Super Basic | Parts

Layered Bob

Square Layer
スクエアレイヤー

フロント側とバック側の両方から切っていくのがスクエアレイヤー。フロントセクションを耳後ろで取っているプロトに対して、バリエーション1は耳上、2はネープまで、3は耳上。しかし3はLのアングルを深く取っているため、最初からハイレイヤー状になっている。第1セクションの取り方だけで、フロント側のLの入り方が最初から大きく違ってくることが分かる。

Proto type

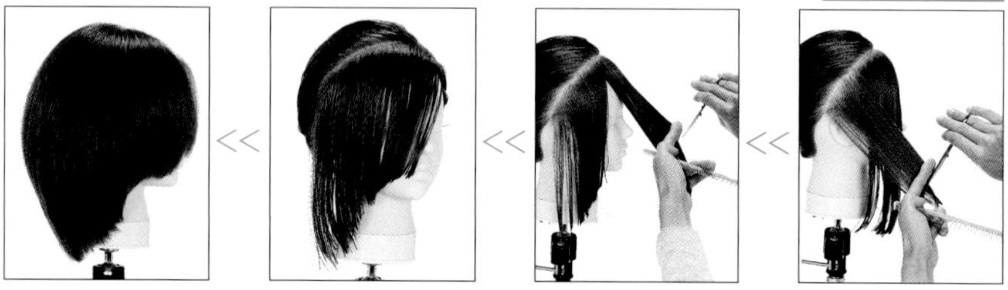

variation 01

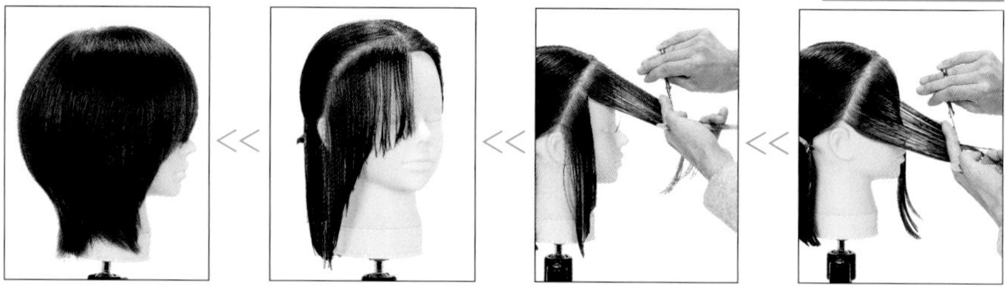

variation 02

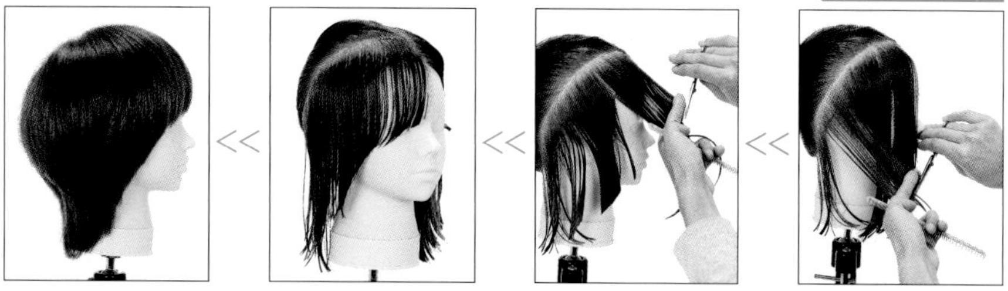

variation 03

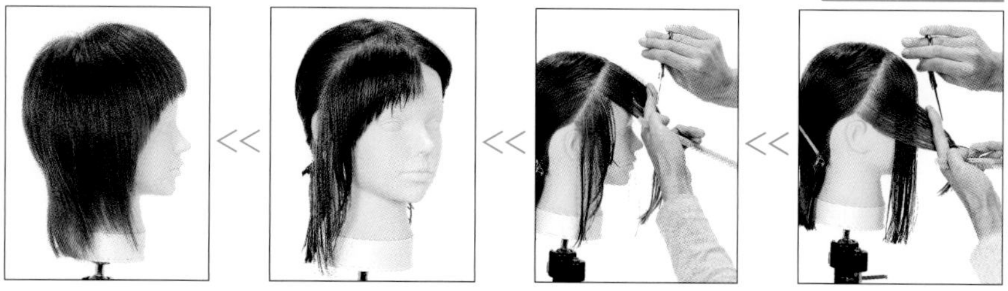

Short Layer
ショートレイヤー

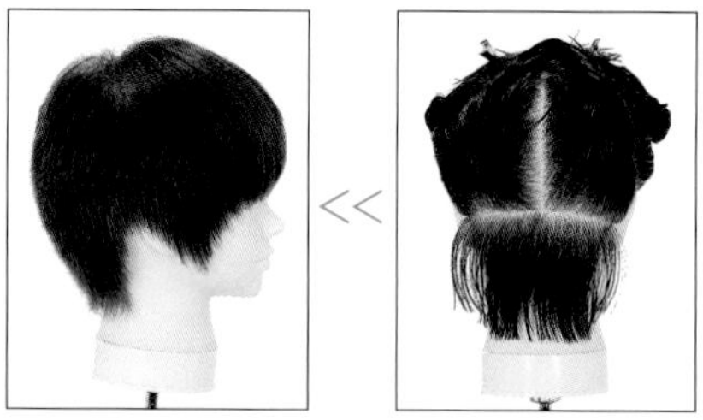

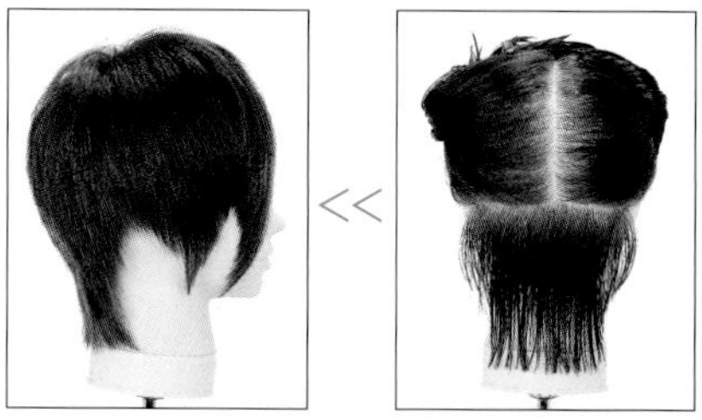

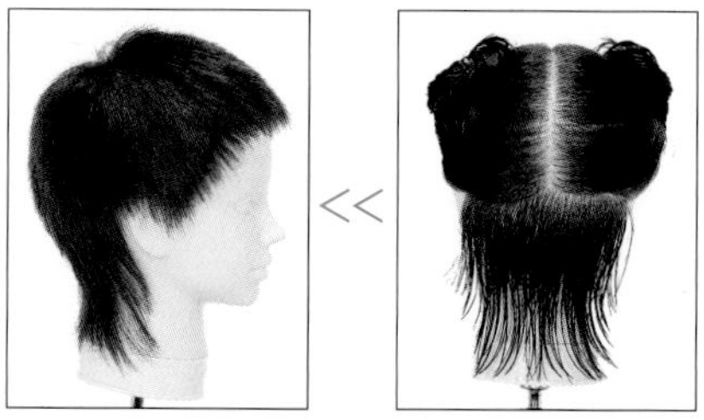

Parts　　Super Basic　　**Form Lesson L**

∷ Technique Point 02 ∷
斜めスライスの重要性

『フォルムレッスンG』と『フォルムレッスンL』をレッスンしていくと、大部分が、縦スライスでも横スライスでもなく、斜めスライスのセクションで進行していることに気づくと思います。そしてカットのしやすさ、合理性とは、セクション＆スライスの取り方と深く連動していることを、ここまでウイッグを切ってきた人であればよく理解しているはず。では、斜めスライスを多用する、ということは、どんな意味を持つのでしょうか？ フォルム作りに欠かせない、斜めスライスの重要性をもう一度確認してみましょう。

そもそもセクションやスライスとは、切り方を合理的にするために存在するのです。あるスタイルをつくろうとするときに、セクションをいくつに分けようが、縦スライスで切ろうが横スライスで切ろうが、「間違い」ということはありません。どんな切り方をしようと、要は最終的にその形になればいいのですから。でも、どうせ選ぶなら一番計算しやすくて、効率がよく、リスクの少ないテクニックをチョイスしたいと思いませんか？ そのためにはセクションやスライスの種類ごとに、得手不得手があることを知らなければなりません。縦スライスはオーバーダイレクションがかけやすく、横スライスはリフティングがしやすい、というメリットがあります。しかしこの本ではほとんどの場合、リフティングとオーバーダイレクションの両方を使ってLとGを作り出し、フォルムをコントロールしていきます。そのため縦スライスと横スライスの両方のメリットを持つ、斜めスライスを多用しているわけです。逆にいえば、自分のつくろうとしている形がオーバーダイレクションの操作のみでつくれると思ったら、斜めスライスを選択する必要はないし、フェイスラインだけオーバーダイレクションとリフティングをかけようかな、と思ったら、そこのみ斜めスライスのセクションにすればいいのです。

しかし僕は、日本人の骨格に、今の時代に求められている立体感やコンパクトさを出していくのであれば、オーバーダイレクションもリフティングも必要不可欠だと思っています。そのため、ほとんどの場合、斜めスライスを選択している、というわけです。斜めスライスの場合、アンダーセクションは操作しやすいけれど、オーバーセクションはちょっと難しい、というリスクはあります。けれどオーバーダイレクションとリフティングの両方のかけやすさを考えると、こちらが断然合理的。それに縦スライス、横スライスと呼べるものは、厳密にいうと座標軸の1点にしかありません。あとは角度の差こそあれ、すべて斜めスライスなのです。斜めスライスを操作していくことが、フォルムをつくる上で重要なポイントになっているのです。

縦にスライスを取ると、オンベースだけでなく、前後どちらにも引き寄せやすいので、オーバーダイレクションをかけやすい。縦スライスはオーバーダイレクションを使う比重が高いときに有利。

この半円の中はすべて斜めスライスのセクションということになる。斜めにすることによって、オーバーダイレクションとリフティングが同時に行いやすくなる。

Vertical section
縦スライスのセクション

Diagonal section
斜めスライスのセクション

Diagonal section
横スライスのセクション

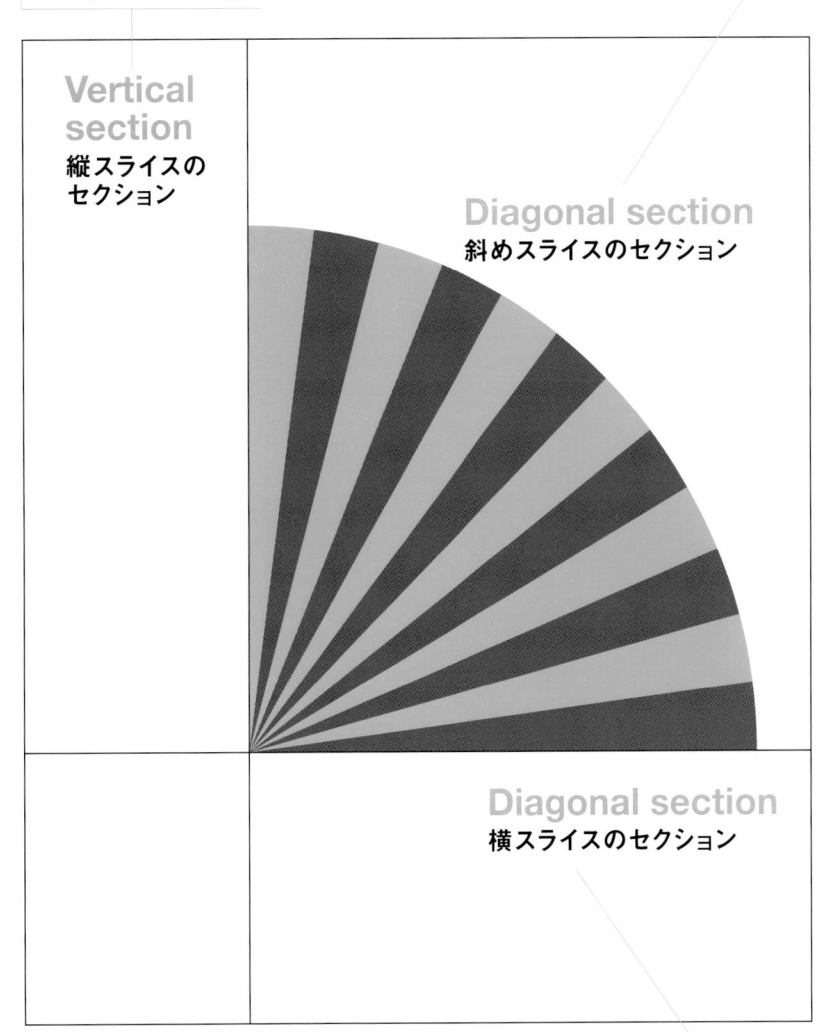

リフティングの操作はしやすいが、前後左右に寄せるオーバーダイレクションはかけにくい。横スライスはリフティング操作の比重が高いときに適している。

062_ technique

Form Lesson **L** | Super Basic | Parts

effect for every part

パーツごとに考えるLの効果

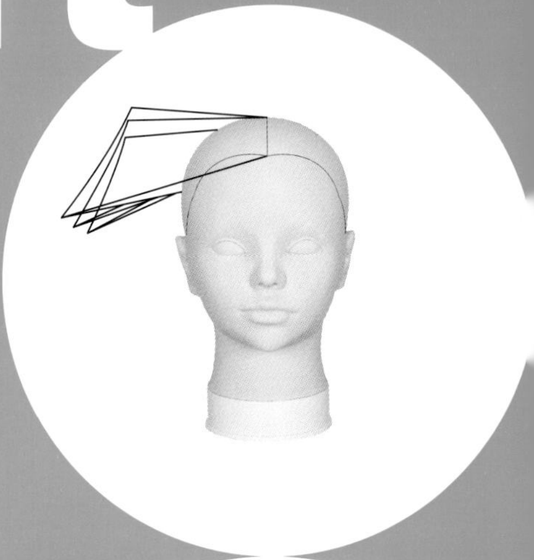

ここからは頭の骨格のパーツごとに、Lの効果を見ていきます。どの場所にどのようなLを使うと、フォルムがどう変わるのか？　肌の見え方はどうなるか？　毛の動きに変化はあるか？　これらの違いを知ることで、様々な骨格や髪質に対応できるようになります。

ここでは以下の5つのパーツを取り上げてみました。①トップのリフティング　②バックのLのアングル　③フロントのLの幅　④フェイスラインのLのアングル　⑤バイアスのリフティング

次ページからはこれらのパーツ別に、パネル操作を実験的に変えていき、その違いを見ていきます。

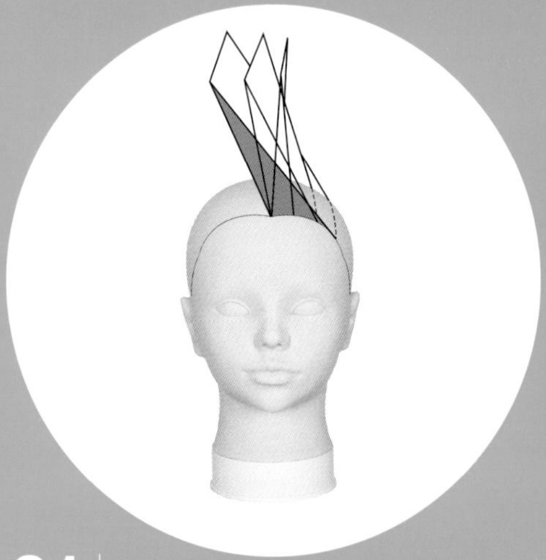

01 トップのリフティング

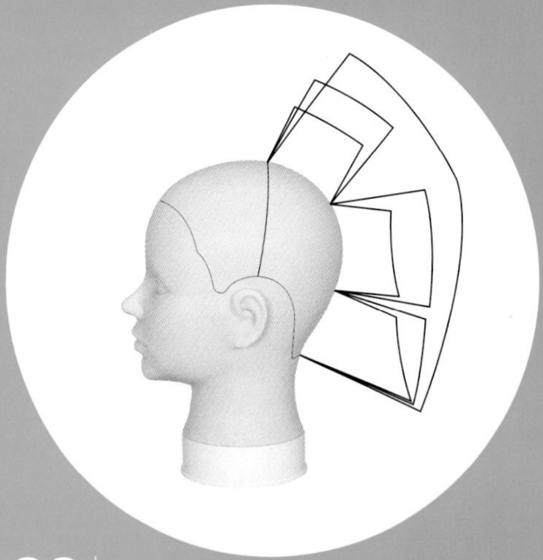

02 バックのLのアングル

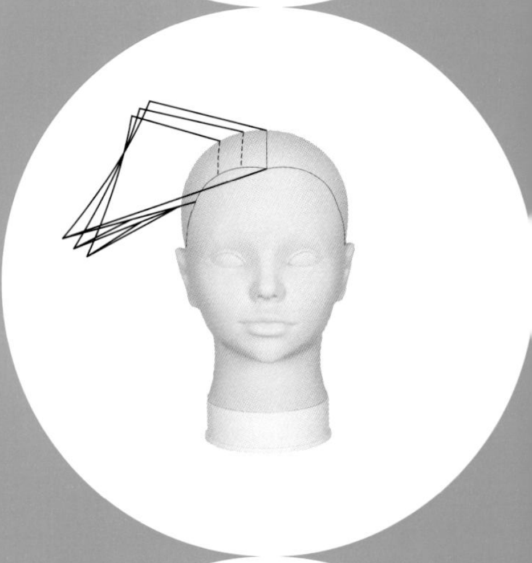

03 フロントのLの幅

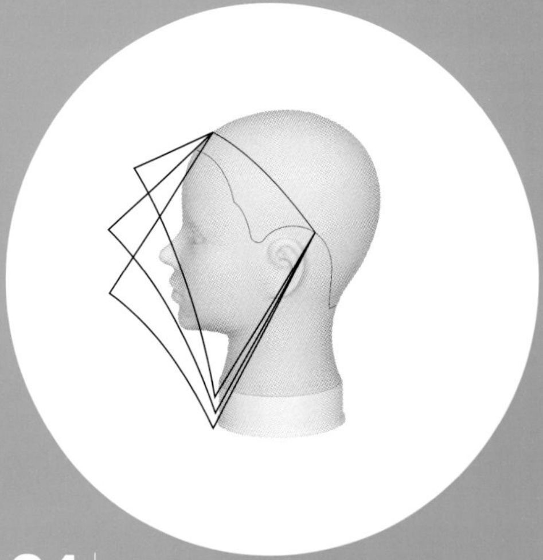

04 フェイスラインのLのアングル

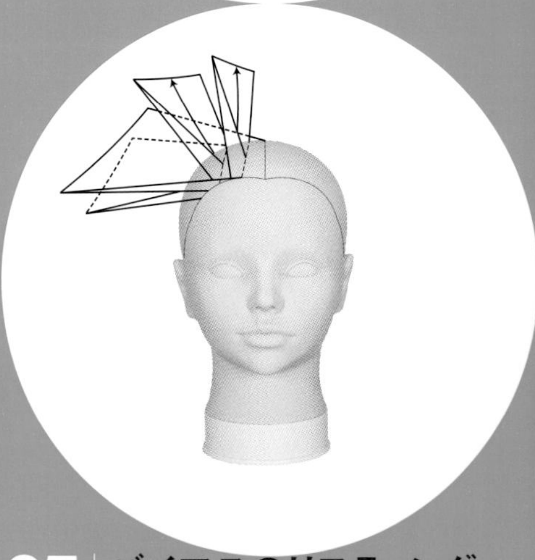

05 バイアスのリフティング

Parts　　Super Basic　　Form Lesson L

01 トップのリフティング

ここではトップのリフティングによる違いをみていきます。下の三つは、それぞれ引き出し方が異なります。①は切り口がコンケーブ状になるリフティング。②はスクエア状になるリフティング。③はオンベースのリフティングです。この違いによる、正面から見たときの動きとフォルムの変化を見てみましょう。

2ndパネル / **1stパネル**

01 コンケーブ状にリフティング

1stパネルはパートから引き出し、徐々にパート側にオーバーダイレクションをかけてカット。結果的に切り口はコンケーブ状になる。仕上がりは非常にタイトなフォルムになり、フェイスラインが動きやすくなる。

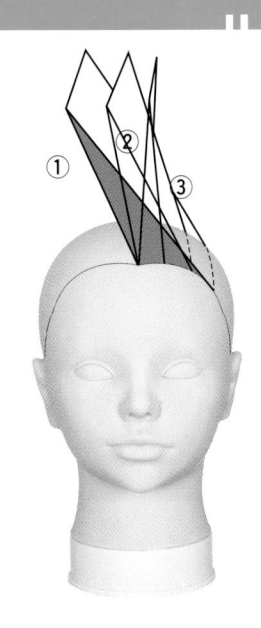

02 スクエア状にリフティング

1stパネルはパートから引き出すが、次からのセクションも1stパネルと同様に垂直＝スクエアに引き出す。ハチ周辺とアウトラインはとてもタイトになっていて、縦長のフォルムになる。

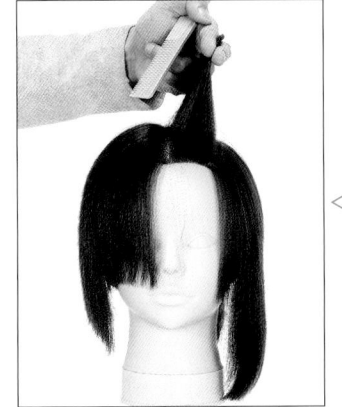

03 オンベースにリフティング

頭の丸みに沿って、すべてのパネルをオンベースで引き出している。頭なりの丸いフォルムになり、アウトラインはかなり短くなる。

064_technique

Form Lesson L

Super Basic | Parts

★ここからわかること★

インターナルのアングルによって、フォルムと動きは変わってくる。自分の欲しいフォルムと動きによって、アングルはセクションごとに変えていくことが大切。

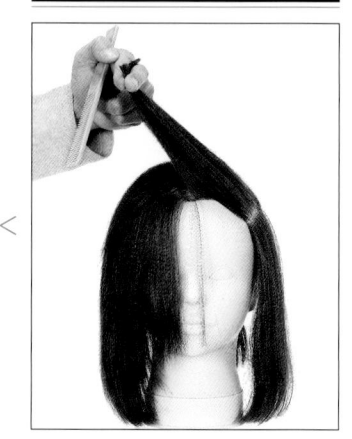

| 仕上がり | インターナル | 3rdパネル |

Parts | Super Basic | Form Lesson L

02 バックのLのアングル

バックのLのアングルの操作で、フォルムがどう変わるかをみる実験です。アングルの違いだけで、どのくらいバックに影響がでるのかをみていきましょう。ここでは①→③になるにしたがって、Lのアングルを深くしています。またバックは3セクションでカットしていきます。アングルが深くなればなるほど、厚みが削られることがわかるはずです

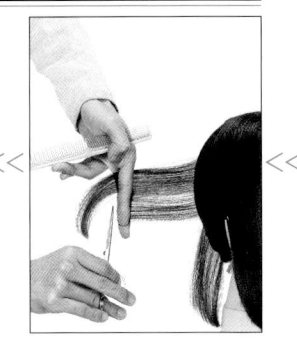

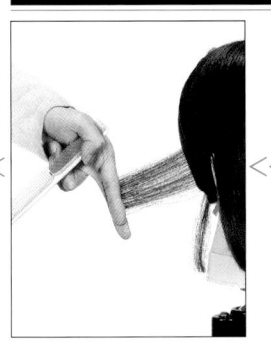

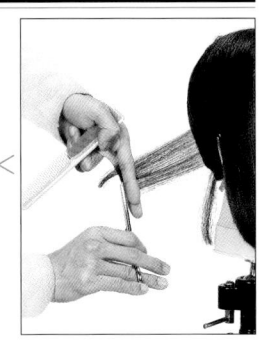

| ミドルセクション | アンダーセクション |

01
Lのアングルがほぼ
セイムレイヤー状

アンダーセクションは、ネープのアウトラインに合わせてほぼセイムレイヤー状のLを入れている。ミドルとオーバーは、アンダーをガイドにオンベースでカット。非常に重いフォルムになる。

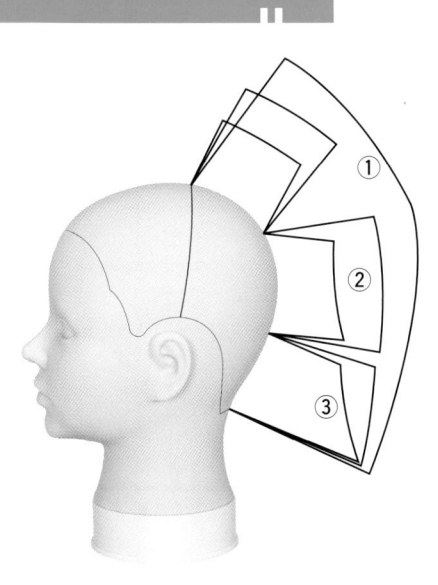

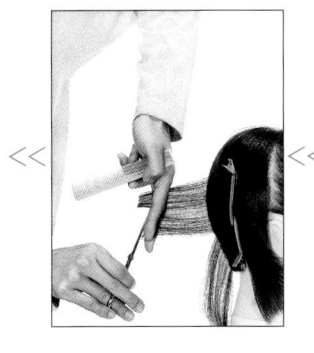

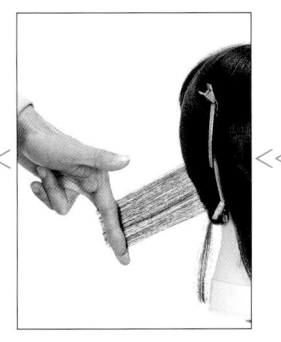

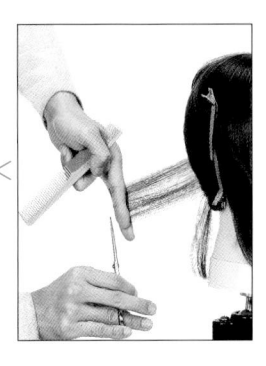

02
ミドルから上は、
アングルを深める

ミドルから上は①よりももう少しアングルを深くしている。ネープの厚みは変わらないが、上部が削れて、フラットなフォルムになってきている。

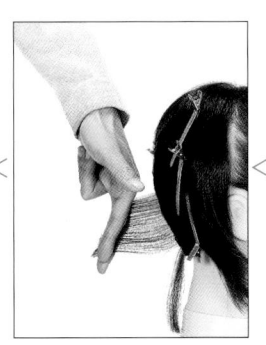

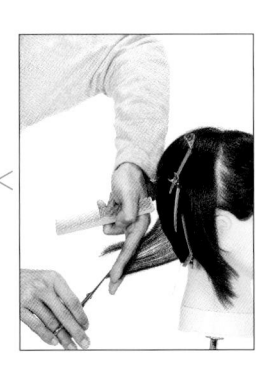

03
Lのアングルを
さらに深くする

ネープの長さはそのままで、Lのアングルをさらに深くする（指の角度に注目）と、ネープの厚みだけは残るが、ミドルより上は頭の丸みなりのフォルムになって、くびれが生まれた。

066_ technique

Form Lesson L | Super Basic | Parts

★ここからわかること★

頭の丸みに対して直線的なカットであればあるほど、繊細なフォルムコントロールはできなくなる。自分のつくりたいフォルムに対して、細かくアングルを操作していく＝なるべく曲線でカットする、ことが、自然で立体的なフォルムを生み出す。

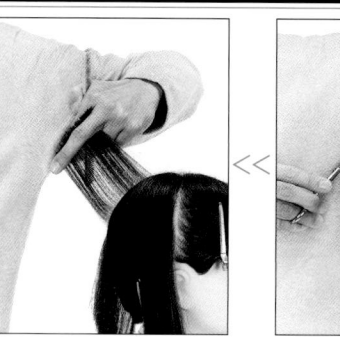

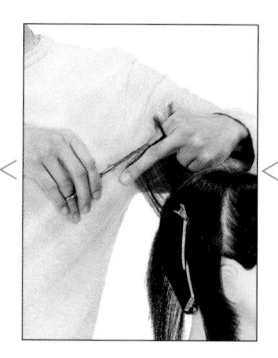

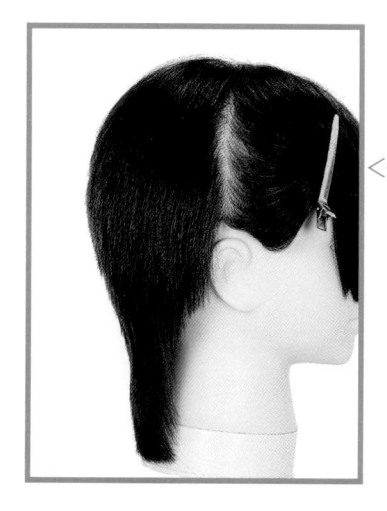

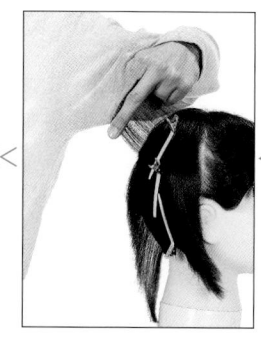

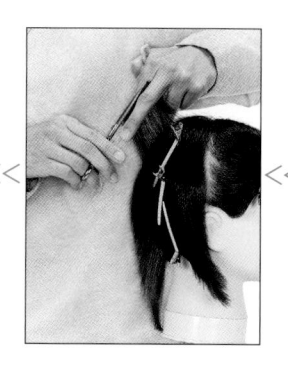

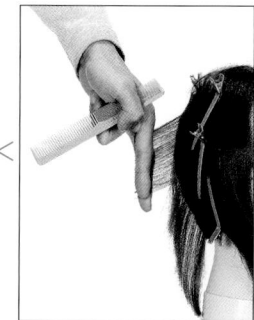

仕上がり | **オーバーセクション** | **ミドルセクション**

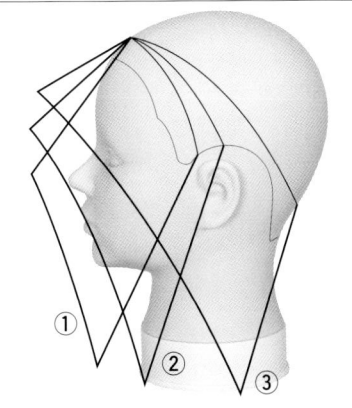

Parts | Super Basic | **Form Lesson L**

03 フロントのLの幅

サイドから見たときにどこまでをフロントセクションとして取るかで、顔周りのLのつき方が変わってくる、という実験です。スクエアレイヤーのところでもレッスンした、フロントセクションのLの幅の違いをみてみましょう。この第1セクションの違いで顔の肌の見え方が違ってくる(面積が広くなる、狭くなる)ので、似合わせ方に大きくかかわってきます。

01 セクションを耳前で取る

第1セクションのブロッキングラインは耳前の位置。ここからセクションに垂直に引き出し、スライスに平行にカットしている。Lのつく幅は狭くなり、顔も見える面積は小さい。正面から見ても厚みのあるフォルム。

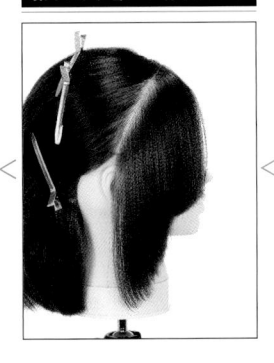

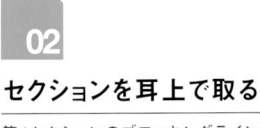

02 セクションを耳上で取る

第1セクションのブロッキングラインは耳上。①と同様にカットする。①よりは顔の見える範囲が広くなった。正面から見たフォルムも、①よりフラットになってきている。

03 セクションを耳後ろで取る

第1セクションのブロッキングラインは耳後ろまで広く取る。①と同様にカット。②よりもさらに広く顔が出るようになり、フォルムもかなりフラットになってきた。①に比べるとかなり厚みが取れている。

068_ technique

| Form Lesson **L** | Super Basic | Parts |

★ここからわかること★

第1セクションを後ろで取っていけばいくほど、サイドにLが入る面積が増えるので、フォルムが軽くなり、顔の出る面積も広がる、ということがわかる。ということは、この最初パネルで、顔周りとフォルムが決定してしまうといことなので、第1セクションはとても重要だ。

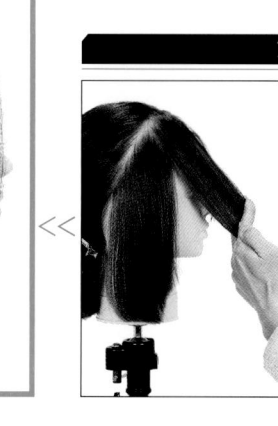

| 正面からのフォルム | 仕上がり | 第2セクション |

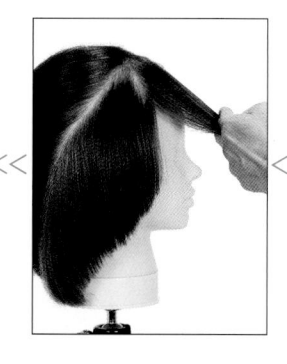

Parts　　　Super Basic　　　Form Lesson **L**

04 フロント正面のLのアングル

L構成のスタイルは、原則的に顔周りからスタートします。そこに合わせてサイドの厚みやバックのウエイト具合が決まっていくので、第1セクションの設定は非常に重要です。今度は顔周りのLのアングルで、顔の出方と厚みの変化、動きのつき方がどのように違ってくるのかを見てみましょう。ここでは①→③の順で、アングルが深くなっています。

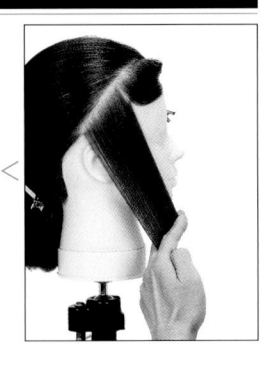

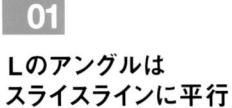

第1セクション

01
Lのアングルはスライスラインに平行

耳上でセクションを取り、セクションに垂直に引き出し、スライスに平行にカット。角度は0度をキープ。かなり厚みがあり、丸くて重いフォルムになっている。動きはさほど生まれない。

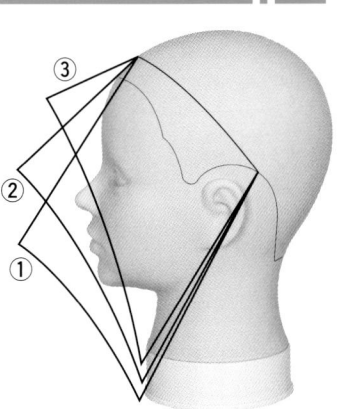

02
Lのアングルは、①よりも深い

セクションラインもパネルを引く角度も、①と同様。しかし今度はカットラインをスライスに平行ではなく、縦気味に変更＝深いアングルのL、にしている。①よりも顔の見え方が広くなり、フォルムもタイトに。毛流れもつきやすくなった。

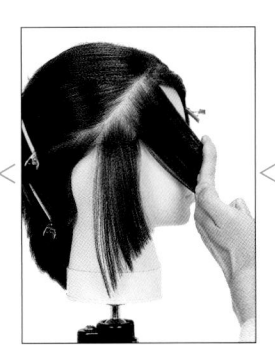

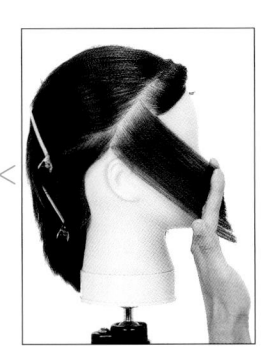

03
Lのアングルは、②よりも深い

セクションライン、パネルの引く角度は共に①と同様。②よりもさらに縦気味のカットラインで、深いアングルのLを入れている。フェイスラインがかなり軽くなり、動きも大きく出るようになった。

| Form Lesson **L** | Super Basic | Parts |

★ここからわかること★

顔周りのLのアングルを深くすればするほど、肌の見える面積が大きくなり、軽いフォルムになってくる。このことからもLのアングル設定は、似合わせにとって非常に重要な要素であり、最初からきちんと計算されていなければならないと分かる。

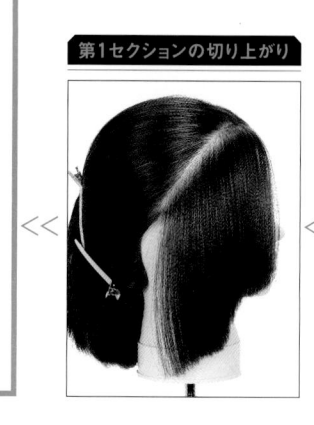

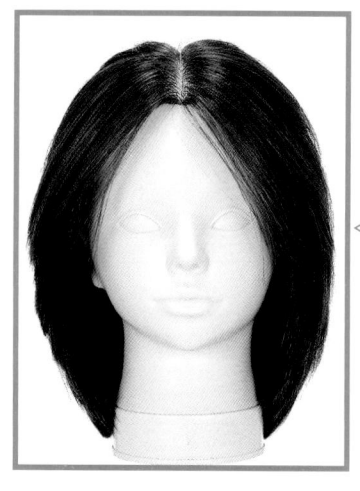

動きの出方 | 仕上がり | 第1セクションの切り上がり

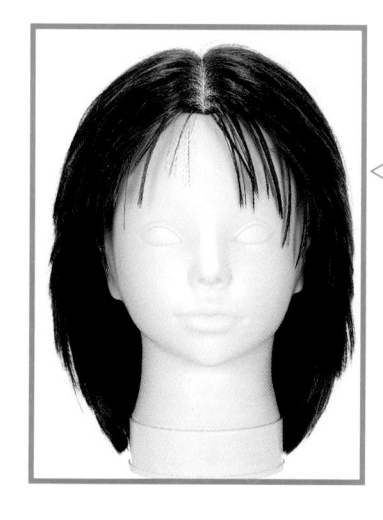

Parts　Super Basic　Form Lesson **L**

05 バイアスのリフティング

フロントを、前が長く後ろが短い、バイアスのカットラインで切っていくLの入れ方です。コーナーをつくることで動きが出るため、フロントのバングにポイントをおきたいときに良く使うテクですが、同じ角度のバイアスでカットするにしても、リフティング次第でフェイスラインの表情がまったく違ってきます。ここでは①→③の順番で、徐々にリフトアップを加えています。

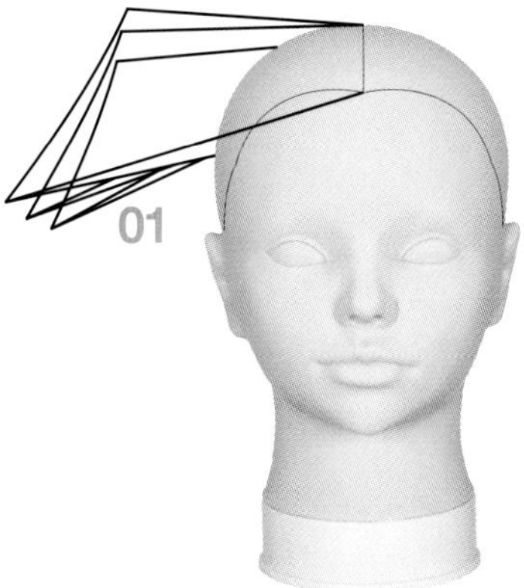

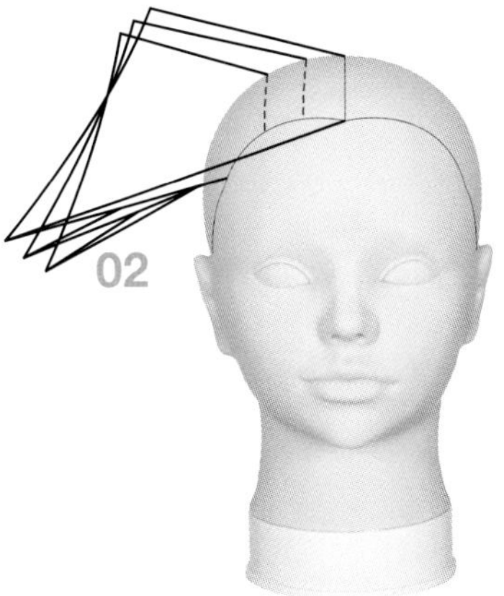

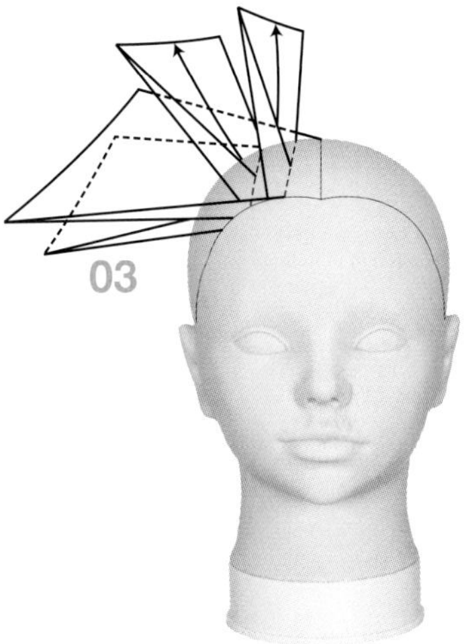

第1セクション

01 リフトダウンでカット

フロントセクションを床に水平に引き出し、バイアスのラインでカット。フロント側ほどオーバーダイレクションをかける。次のセクションからもすべて同じ角度でカット。つまりすべてリフトダウンされていることになる。3つの中では一番フォルムが重く、動きも少ない。トップのインターナルを見ると、コンベックスになっている。

第2セクション / 第1セクション

02 トップセクションは徐々にリフトアップ

1stパネルは①と同様だが、トップセクションは少しずつリフトアップしている。そのためインターナルをみてみると、コーナーがソフトになっていることが分かる。①よりも重さが減り、根元から動きやすくなる。

第3セクション / 第2セクション / 第1セクション

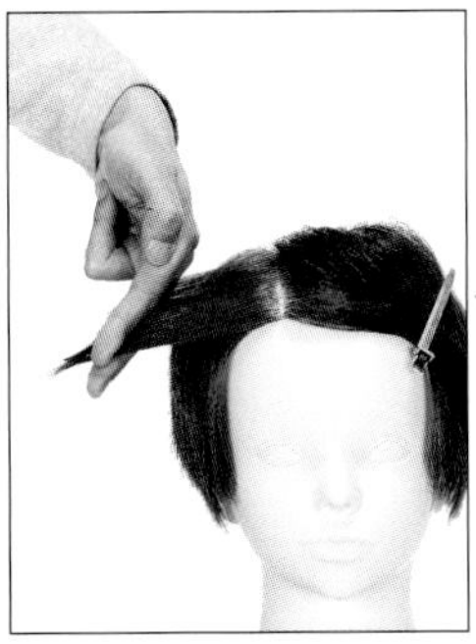

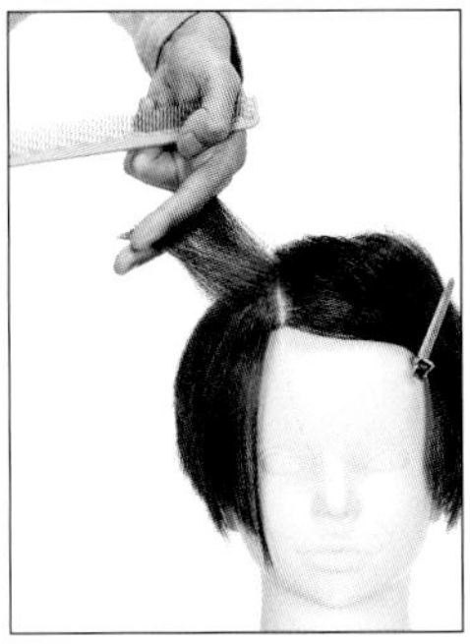

03 すべてリフトアップでカット

すべてリフトアップしているので、フロント以外のインターナルはセイムレイヤーに近くなる。ただしフロントのみはしっかりコーナーが残っているので、根元からの動きが出てくる。フォルムは3つの中で最もコンパクトになっている。

Form Lesson L

Super Basic　　Parts

★ここからわかること★

バイアスでカットすると、インターナルの中に短い部分と長い部分が両方生まれるので、短いほうから長いほうへ向けての動きが生まれる。この場合、クラウン側が短くなるほどフォルムがコンパクトになり動きが増す。

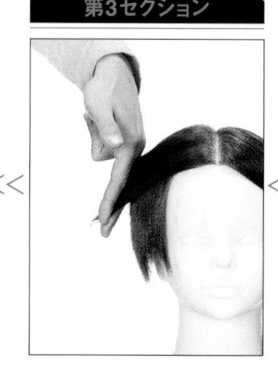

仕上がり	インターナル	切り上がり	第3セクション	第2セクション

仕上がり	インターナル	切り上がり	第3セクション	

仕上がり	インターナル	切り上がり	最終セクション	

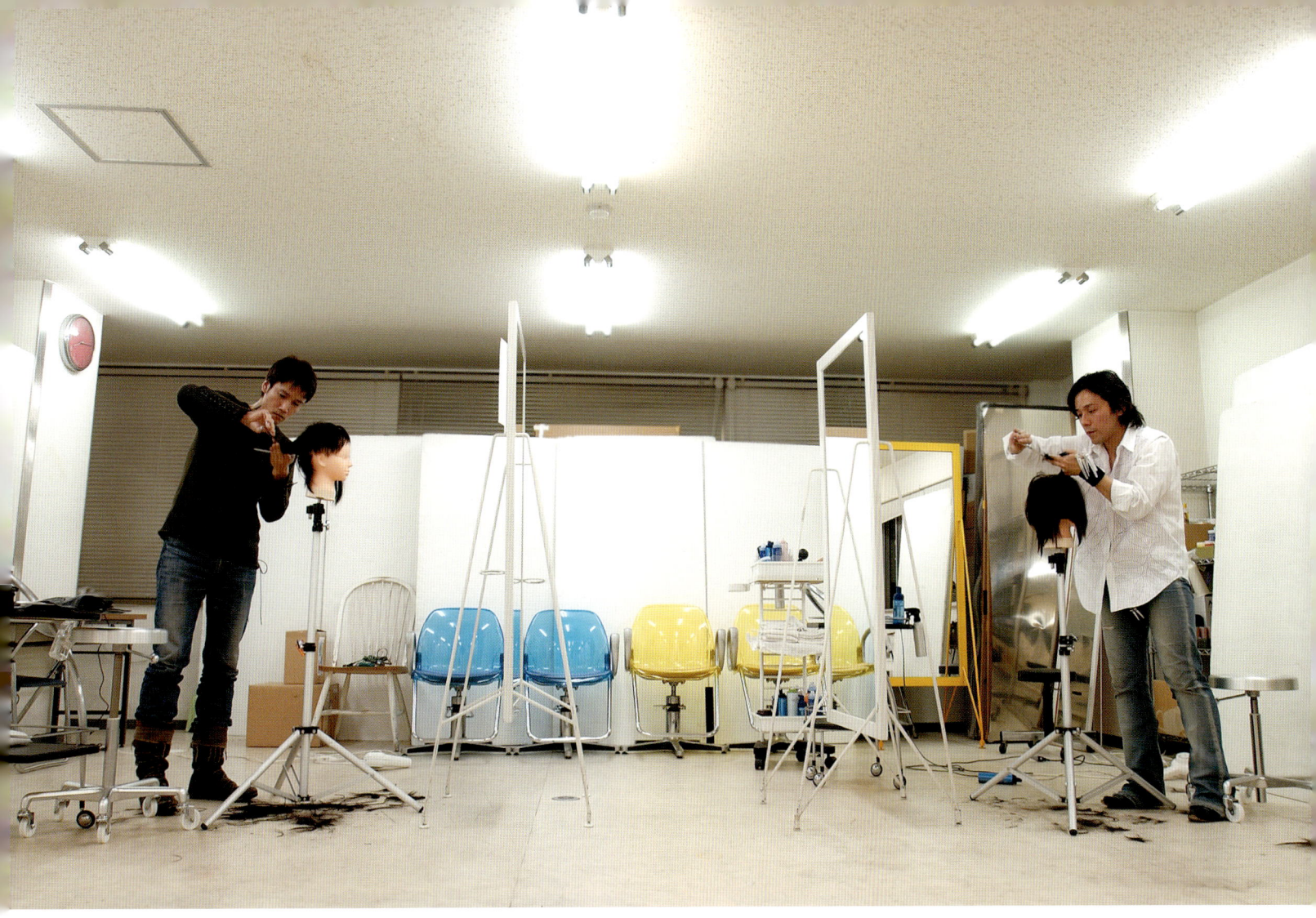

Try The Workshop For Technique

テクニックのためのワークショップ

時には、最初にテクニックを設定してからデザインを発想してみるという、実験的なトレーニングも行ってみましょう。ここで提案するのは、共通のテーマ、例えば「セイムレイヤーベースで作る、新しいデザイン」というようなテーマを設けてグループセッションする、といったワークショップです。植村さんも、「バックのLを固定する」というテーマの元に、D40に引き続き、大阪『Fiber Zoom』の井上和英さんとセッションしていきます。

1月12日（月）、海遊館（デザイン編D40参照）から戻った二人は、18時に大阪・心斎橋近辺の『Fiber Zoom Factory』に集合。ここは『Fiber Zoom』のスタッフが撮影やその仕込み、店内セミナーなどを行うための独立したスペースで、今回はここをお借りして、ウイッグ制作とその撮影を行うことになっています。この「テクニックのためのワークショップ」では「L構成のバックは固定して、フロントをどう作っていくか」を共通のテーマとしました。イア・トゥ・イアよりバック側は同様で、フロント側だけ違うデザインを2点作りあげていくのです。これまでのテクニック編で、L構成のスタイルは、バングに対するウエイト感や、フロントとバックの厚みのバランスがとても重要だと述べましたね。バックのLに対して、フロントをどう作り上げていくのか。今回はそのテーマにチャレンジしました。テクニックがテーマとはいえ、二人とも海遊館に行った直後だったため、やはりデザインにもその影響が見られるようです…。

>>>> 2004.1.12
in OSAKA Fiber Zoom Factoy
『Fiber Zoom Factory』(大阪)

**01＞まずはデザイン画と
ダイヤグラムをおこす**
二人はまず、デザイン画とそのダイヤグラムを描き起こすことからスタートした。テーブルを挟んで向かい合っているが、描き始めるとそれまでのおしゃべりはピタッと止めて、無言のまま黙々とペンを走らせる。時折、海遊館で撮った写真を見返したりして、やはりデザインソースとして取り入れている様子…。

**02＞井上さんと植村さんは
向かい合っても無言のまま…**
黙々とデザイン画を描いた後、先にウイッグを切り始めたのは井上さん。初めから大胆、スピーディにカットを進めていく。やや遅れてスタートした植村さんとは、スタンド式の鏡面を挟んで、互いが見えないような配置になっている。そのほうが集中できるのか、一切無言のまま、黙々とカットを続ける二人。お互いの仕事をちょっと覗きに行く、ということもなく、話しかけるのもちょっと怖いような雰囲気…と言うと、植村さんは「いや、ぜんぜん！　話しかけてられても平気ですよ！」、井上さんも「え？　すごく楽しんでやってるんですけど？」。そこはかとなく周囲に漂うこの緊張感は、二人の集中度の表れか？　この後、2人のウイッグ作品2点を撮影し、終了したのは23時半。長い一日が終わった…。

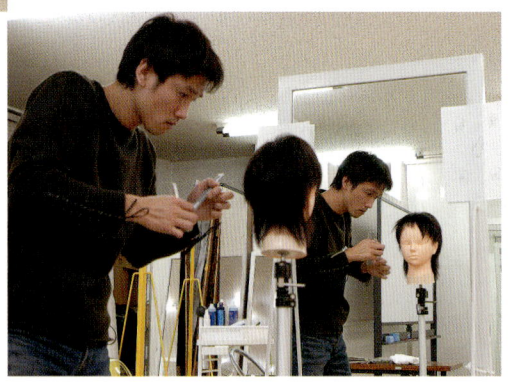

>>>> 2004.1.13
in OSAKA Fiber Zoom Factoy
『Fiber Zoom Factory』(大阪)

**03＞今回もDADAオリジナルの
ウィッグが活躍**
今回の撮影では、前回に引き続きDADAオリジナルのウイッグ「Puzzle」を使用。頭部がマジックテープ式になっていて毛束を自由に付け替えられるので、バック側はそのままにフロントのデザインだけを変更するという、今回のテーマには最適。写真・下は付け替え用の毛束。

04＞朝から2点目の制作を開始
2日目の13日（火）は、朝10時に集合。前日に引き続き、2点目の制作に入る。今度は、バックは昨日作った1点目のまま、フロントのみを変えていく。前日カットしたフロント部分の毛束を取り外し、新たな毛束を装着してスタート。このウイッグを初めてカットした井上さんは「昨日に比べて、だいぶ慣れてきました。コツがつかめてくると、すごくおもしろいですよ。縦スライス用の毛束ピースもあるといいですねぇ」。それにしても二人は昨日同様、初めから終わりまで終始無言でカットに没頭。集中力の持続がすごい。室内で聞こえるのは、BGMの他はシザーの開閉音とカメラのシャッター音のみ。カットが終了して、最初に植村さんのウイッグを撮り始めたときは、12時半になろうとしていた。

technique_075

バックのL構造の重さ具合に対するフロントのバランス

「バックそのものは普通、ヘアデザインの主役にはなりにくい。でも今回のように『バックは固定で、フロントのみ変える』というような実験をすると、結局バックのクオリティが高くないとフロントを活かしきることができない、と改めて認識させられます。今回はバックがL構造。その重さ具合に対して、フロントのバランスをどう取るか、が問題でした。実際は前後を繋ぐサイドのラインが、前下がり、前上がり、水平なのかでバランスの比重が変わってくる。サイドの角度がとても重要だと思います。今回のデザインも、一番先に浮かんだのはBのサイドなんです。ハッキリ言って魚を意識してますね(笑)。まず浮かんだのは、全体的に魚の持つなだらかで縦型のフォルム。それから仕上がりは4アングルともいろんなイメージが交差するようにしたいな、と。両方の設計図をつくった後、Aから始めました。これはエイのような重い魚をイメージ。たくさんのフリンジが見えると思いますが、すべて左右を対角線上で考えて配置してあるんです。大胆なアシンメトリーであるほど、実は一定法則に則ったほうが調和が取れると思います。それに対して、Bは狙ったところと少し違ってしまいました。このウイッグの特徴がまだ計算し切れてなくて、苦戦しました(笑)。でも今回のワークショップは本当に楽しかったですよ。こういうことがもっと日常的に行われるといいと思う。ただしお互いがリスペクトしあえる相手で、本当に真剣にやることが大切なんじゃないかな。そうじゃないとただの遊びになってしまうから。技術者だからこそ僕たちは、たまには自分の持っているスキルをすべて出し尽くして、挑戦するような機会が必要なんじゃないか、と思います。今回僕は、植村さんの技術を間近に見て、大胆なカットであるほど繊細な技術でつくられるのだということを実感しました」

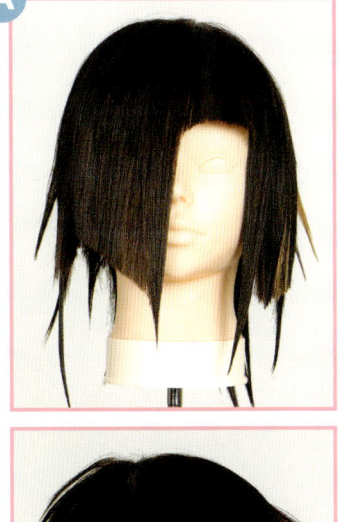

Inoue's Works
井上さんの作品

Uemura's Works
植村さんの作品

A

B

ウエイト位置に対しての
厚みと面構成の限界に挑戦

「僕は今回のテーマの他に、『通常の人間の頭では発想し得ない、新しいバランスをつくる』を自分だけのテーマにしてたんです。だから海遊館は良いヒントになりました。Aは実はペンギンが頭を垂れているときの形をイメージしているんです。トップの長さに対しフロントのレングスをどう設定すればいいのか。インターナルそのものでフロントのこの厚みをどう出していくか。それに顔の見える面積と耳上の切り込みについてもかなり考えました。これはインターナルもエクスターナルもバイアス状のL構成になっています。Bのほうは昆虫にも見えますが(笑)、イルカなんです。飛び出ている部分はイルカのひれ(笑)。イルカのあの流線型の曲線が出したかった。ウエイト位置に対して、どこまで厚みを残せるか、つまり面構成にできるか、に挑戦し、耐えられるギリギリのバランスを狙ったつもりです。結果的にスーパーレイヤードとでもいうべきインターナルになってます。今、曲線の組み合わせに凝ってて──『ブーメラン』って名づけているんですけど(笑)──これによっていろんな空間やでっぱり、新たな曲線を生み出したいと思ってるんです。だから今回、この2点のフロント部分が作れたのは嬉しかったですね。いま思うと『フォルムレッスンG』で『snob』の吉田(隆司)さんとジョイントしたときの僕の作品は、まだ直線の中に曲線を組み合わせている感じ。今の方がもっと曲線的なスタイル作りに変化しているんじゃないかな。前回の吉田さんといい今回の井上さんといい、いつも僕にいいエネルギーを与えてくれる、モチベーションを高めてくれる人たちです。実は今回、隣で井上さんがものすごいスピードで次々とデザイン画を描いていくのを見てびっくりしたんですよ。それもすぐにダイヤグラムに起こして、4方向の細部まで詰めていく。正直言って、あの分析能力と技術の整理力、そして集中力は『スゴイ!!』と思いましたね」

<<<technique

この本と前作『フォルムレッスンG』は、僕がこれまでの美容人生の中で行ってきた練習の集大成であり、実際に今、『DADA』で行っているカットトレーニングのメニューそのものです。そして、できれば多くの美容師仲間と共有したい…と思っているカット教育の考え方でもあります。

僕たち美容師は、技術者になるために毎日のように練習して、たくさんの時間を使っていますよね。スタイリストになってからも、新しい技術や流行のスタイルを覚えるためにウイッグを取り出すことがあるでしょう？ 営業後に、後輩の練習を見なくてはいけない場合も多い。時にはどうしようもなくつらかったり、「つまんない」と思うこともあるはず。なぜ？ 何のためにこんなトレーニングをするんだ？ 何が楽しくて？ 実際にセミナーで、真顔で聞かれたこともあるんです。「何のために、こんなに大変なトレーニングをしなければならないんですか？」と。

それに対する答えは「お客様のため」。優等生過ぎる答えだと思いますか？ でも、お客様をHAPPYにしたい、心からの笑顔をもらいたい――究極のところ、これが僕たち美容師の最大のモチベーションだと思うんですよ。上手い美容師、売れる美容師にもなりたいけど、それはたくさんのお客様に支持されて、初めてもらえる評価。来る日も来る日もウイッグを切って、地道にGやLのテクニックを習得していくのは大変だけど、そのテクニックは最終的にすべて、お客様の笑顔になって返ってくるものなんです。そうなったとき、僕たち自身もHAPPYになれるし、ヘアをデザインすることが楽しくてしょうがなくなると思う。デザインすることを楽しくするため、そのデザインすることを楽しくするために、ヘアをデザインすることが楽しくてしょうがなくなると思う。

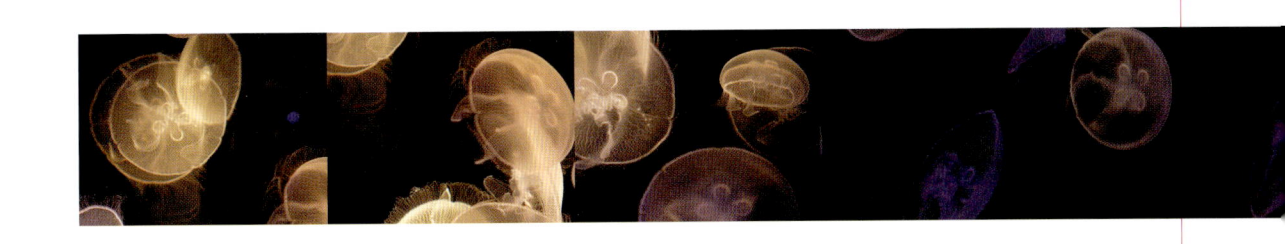

Takahiro Uemura_DADA

植村隆博（DADA）
うえむら・たかひろ　1969年、静岡県生まれ。静岡と東京のサロンを経て1990年ロンドンに渡り、1993年ヴィダル・サスーン入社。スタッフ専門のトレーナーとして教育に務める。同年クリエイティブチーム『DADA』を設立。1997年に帰国し、原宿に『DADA』を開く。2000年『DADA表参道』オープン。2003年・12月『DADA CuBiC』として拡張オープン。2004年・2月『DADAデザインアカデミー』開講。現在クリエイティブ・ディレクターとしてサロンワークの他、撮影、ヘアショー、セミナーなどで活躍中。2002年、2003年JHAグランプリ連続受賞。